宿州市汉画像石撷珍

宿州市博物馆◎编

文物出版社

图书在版编目（CIP）数据

宿州市汉画像石撷珍 / 宿州市博物馆编 . –– 北京：
文物出版社，2022.8
ISBN 978-7-5010-7765-6

Ⅰ . ①宿… Ⅱ . ①宿… Ⅲ . ①画像石—宿州—汉代—
图集 Ⅳ . ① K879.422

中国版本图书馆 CIP 数据核字（2022）第 148893 号

审图号：宿州 S（2022）005 号

宿州市汉画像石撷珍

编　　者：宿州市博物馆

责任编辑：智　朴
文物摄影：宋　朝　孙益福　余奕靖
装帧设计：王　梓
责任印制：张道奇

出版发行：文物出版社
地　　址：北京市东城区东直门内北小街 2 号楼
邮　　编：100007
网　　址：http://www.wenwu.com
经　　销：新华书店
印　　刷：北京荣宝艺品印刷有限公司
开　　本：889mm × 1194mm　1/16
印　　张：14
版　　次：2022 年 8 月第 1 版
印　　次：2022 年 8 月第 1 次印刷
书　　号：ISBN 978-7-5010-7765-6
定　　价：320.00 元

目　录

后　记

图法学：图像构成逻辑

序言

朱青生　北京大学汉画研究所

宿州地区的画像石一直受到重视，有一个重要的原因是褚兰镇两座经考古发掘的画像石墓，一为"九女坟"汉墓（编号 M1），位于墓山孜山顶中部，另一座位于墓山孜西南（编号 M2），是墓室与墓上的祠堂、墓垣较为完整地保留，而且是少有的墓室内部和墓上祠堂均保留图像的例证。这个例证使得在文献（语词）以及考古实物和遗址（物质）之外，对汉代艺术史（图像）进行整体研究有了实现的机会，就是汉代的画像墓葬不是仅仅可以通过单独的图像解释形象和现象问题，而是根据图像之间的构成逻辑进行解释。一个墓葬的内部和外部的图像构成所谓的"全体单位"，这个层次齐全的褚兰墓就得到了学界极大关注，研究陆续展开，也已经取得了初步的成果。2015 年，芝加哥的施杰博士就做了一篇对于褚兰墓墓下的画像和墓上的画像之间如何关联以及传递次序和意义进行推测和表述的文章，发表在 Journal of the American Oriental Society，在国际范围引起了一定的影响。

而今天，我们对于这种图像"全体单位"在更为理论化的方法论层面上继续关注。从图像分析，即所谓形相学（图学）中的"图法学"角度说，图像构成逻辑分层理论（分阶）分析为不同的图像构成的层阶（当然，图法学中还有图像分类理论[1]和"图性"，即

---

[1]　形相学的图法学中的图像分类的理论。针对复制理论或者叫再现理论而言，将图像如何表述人和世界（它）的关系进行区分，图像是人对世界的感觉和理解，或者理解为图与真理或真实的关系。也就是说"图像"（形象，icon/image/Bild）只讨论人能"看"/感到的事物与图像之间的关系问题，图像只是作为事物的再现和表现，作为叙事和描述。"图像"并不是（形相学中的）"图"，而只是图的一种。
　　所以7种之间也有种类分类（图类），一类：观看；二类：摄制（机械再现）；分层三类：描绘（人工）；四类：图解；五类：符码；六类：语词（文字描述）；七类：心象。这与图像构成的逻辑结构10个层次（前7后3）是不同的问题，"图像构成逻辑分层"与"图像分类"是图法学中两种不同的理论问题。

"三条半理论" [1]）。

图法学作为形相逻辑之部分，指的是任何图像在不同的图像结构层次上，作用和功能不一样。要根据它在图法，也就是图像构成逻辑中的位置来理解它在这一个层次上的作用。

从一条有意刻画的线条到勾画的形状、描绘的形象、表达意义的图像，再到墓葬的整体，可以分出不同的层次，每一个层次中的图像基本元素由低一个层次的图像元素构成：某个形状由一组线条构成，或者某个图画由一组形象构成，等等。从形相学的图法学的图像建构逻辑出发，可以将一个图像分为 7 层：1. 线条；2. 形状；3. 图形 / 图势；4. 形象；5. 图画；6. 幅面 / 壁面；7. 整体单位（一个单体作品 / 此处为墓葬的全部图像）。再往更大的范围考虑，就从"图像"范围而到达"装置"甚至"观念"层次。二者均超出狭义的图像，成为在形相学上更高一层的关系（我们称之为"相性"）。

图法的对应学科是语法，语法（其实应该）是脱离意义（语义）而单独成立的"法"则。所以如果把语词的内涵介入到语法中间，这时的语法已经不是纯粹的语法，而是在某种特殊的意义上形成的"意义结构"。只有在这种意义结构再度被高度抽象化继而成为某种规则时，其间的结构才能重新显示为规则，不与具体的意义相关联。图法也遵循这个准则（但是如果重新考虑图画构成的幅面和整体单位之间的差别，就要引入"图性"的概念，图性也可视为图法的一种性质，而不视为所指意义。但是图性由于特指的意义有关联，所以与图用学——所指的意义在使用中的功能和作用不可分，所以这些都是图像研究的问题）。而"图法"主张纯粹从图像形式出发对问题进行考察和分析，属于纯形式的结构，即以此为前提：不考虑图像所承载的意义（不讨论图义学意义上的图像学，即图像本身的含义。不影响图法逻辑），分而论之。

线条 图像不可以视为抽象意义上的点。所谓抽象意义就是，点是图像的起始 [2]。在造型（形成图像）活动中如果仅仅是"点"，人们还不能确认是不是人的有意识的造型（活动）；如果是一条线，这样的确定已经成为可能。所以图像构成逻辑必须考虑点的存在，却不讨论"点"，因为点不是图像。标画出来的点其实并不是点，而是把点图画成为极小的面而已。线条是图像第一基础因素。当然这条线就要看其是在什么样的一个情境中间成其为线，以及这条线是否和其他的线之间构成关系。

---

[1]　任何图像，由于其性质的不同，在使用中就有不同的作用和功能。图像的作用和功能并不完全是指图像作为一个物质存在的实际作用和功能，也不完全是图像所描述的事物本身的作用和功能，而是指这个图像本身作为一个图像意义的作用和功能，在形相学中既是一个图法学问题，也是一个图用学问题。一般会认为，每一种图像使用的作用与功能一定与图像本身的性质一致。但是通过对沂南北寨汉墓的调查和研究，我们发现这个一致性不成立。图像的功能与作用跟图像本身的性质到底是一个什么关系，这个学术问题发表为《三条半理论》（第5届墓葬美术会议论文），会议文集待刊。

[2]　点，如果没有运动，就是一个抽象的起始，但也是一个无有存在。因为有才能行动，如果没有点，行动就不能发生，或不能在此发生，所以点虽然不是图像，却是可以生成图像的起始可能。

线条可以有 8 种构造图像的功能 [1]，而在图像构成逻辑中，线是形状的构成因素。形状由线构成（而色块被视为由其边线所形成的形状）。

形状　形状是由线条构成的具有"形"的意义的对象。形状是任何形的基本单位，也是任意组合和形成、显现的方式，并不与任何一种可辨识的事物和特定所指（内容）意义相关联。在图像研究中经常会遭遇一种图形，其形状非常清晰，但是并不表示什么特质的形象，却是图像构成的重要层阶。

单独对形状进行研究的最重要的方向就是抽象图形（形状）的研究。这个问题可以用康丁斯基以来的形状所表达的意味和感觉的理论入手，也就是《点线面》的思想，用形状来表达特定的意义和意味。但是，更为根本的方法是在形相学中进入抽象的逻辑结构的问题。形状除了是单独的一个形状之外，最主要的是形状自身及其互相之间的结构功能和说明功能。单独一个形状不说明什么，但是组合、结构在一起却可以说明很多问题，这就是在研究装饰 / 图案的时候，其"结构优先于内容，结构优先于细节纹样变化"的理论意义之所在，这也是对于里格尔的装饰理论即《风格问题》原理的根本批判。

在具体的汉画研究中，我们遇到大量的形状在画面中出现，有时是漫漶风化所致，在著录中就会将之说成是一种"不明形象"。不明形象既成为学术研究和探索中的一个很大的吸引人的难题和资源，同时也成为制造图像学（意义解释）混乱、误解和曲解的元素。

图形 / 图势　图形 / 图势是由形状构成的特殊的"形"，具有某种动势和张力，引发和产生某种视觉感觉，或者指向某些事物再现的联想，是与现实和现象相关联而对（独）立于抽象的"形状"，是具有类别作用，却没有特指意义 / 含义的图像因素。

所谓视觉感觉是指，虽然没有明确的含义和内容，却造成某种感觉和感受的图像层阶 [2]。所谓再现意义，就是指视觉与图像中的这个图形会使人联想到一种类型的东西（事物），但是并不提供进一步识别这个类型的东西，也不指向任何一个具体的、具有个别意义的个体。或者说这种图形所区别和表示的只是图形，并没有任何特别的意义指向（注意，此处不把区别图形以至于提供对类型的识别这种"作用"也说成"意义"）。比如说图像是一个"人"（抽

---

[1]　这一点见2011年佛罗伦萨关于线的研究《Aesthetics and Techniques of Lines between Drawing and Writing》和2013年墓葬美术会议论文《汉画8图说》。

[2]　之所以要讨论图形/块面图势问题，是因为塞尚绘画的造型的"意义和作用"不再是由经典绘画所描绘的对象——"形象—图画—幅面"引发，而是由图形/块面图势直接引发，并经由调节（modulation），形成作品的张力与运动。总体上来说，绘画的功能与作用不是由所画的对象的意义来承载，而是在于笔触、轮廓边线、图形/块面图势、空白组成的画面构成（王志磊称之为构图），其中图形/块面图势所起的结构作用，正如古典音乐中各种音乐元素所起作用并无关乎标题，无关乎它们所模拟的音响，也无关乎这些"初始元素"所带起的意义的联想。王志磊恰当地强调了"去意义化"，去意义化就是使图形/块面图势不具备所指，无论是符码特别给定的信息明确的含义，还是文化背景赋予的象征意味，抑或是作者创造并赋予的隐含的喻意。没有外带或负载的意义之后，造型中的图形/块面图势就独立起着"纯粹形式"的作用（参见北京大学王志磊2021年博士论文《张力与运动》）。

象）的抽象图形——人形，但是并不指向一个特定的、具体的胡人、汉人、男人、女人等（这里包含着物理学精神观念、人口学精神观念和艺术学精神观念之间的区别，另当别论）。

图形的概念接近瓦尔堡的研究方法中的 Pathos。Pathos 是一种图形，但是这种图形具有承担和表达某种情绪的符号价值，并不特指某一个具体的形象，却可以置换为各个形象（一如人形可以置换为特定的、具体的胡人、汉人、男人、女人），但它本身具有一定的规范和造型。图形 / 图势引发和产生某种视觉感觉与指向某些事物再现的联想并不是同一性质的图像功能。

形象　形象是由图形构成的、具有特指的识别意义的图像因素（形相逻辑次序上是由 3. 图形构成，同时"并且"也包含了 2. 形状和 1. 线条）。

《汉画总录》著录的"术语表"作为术语主要出现在"形象"的范畴，形象就是以图的形式呈现可以认得出来的东西。汉代的图像志或者中国图像志的编制，实际上首先就是认识这些形象。形象可以单独或组合构成"图画"的范畴，进而指代事物（包含自然物、人造物 / 生产品和想象物 / 艺术品），小到日用器皿，大到神仙皇帝。汉画术语（标识词）既负责局部，也负责整体[1]。

图画　图画是由形象构成的具有主题和题材（具有叙事和情节的故事）的图像因素。

幅面　画幅 / 幅面 / 壁面是由一个以上"单一主题的图像单位"组成的图像（因素），在汉画著录中计之为"壁"，如前壁、后壁（或"铺"，即不完全占取整块壁面的块面）。幅面是由一个以上的"图画"组成，图像构成逻辑只要到了这一层级，形相逻辑之间的关系已经超出了单一完整图像自身的逻辑构成，不再是统一的叙事图画，而是不同性质和意义的图画（复数）在一个幅面上的布置和交叉。或者"画幅"是在图像形式关系中互相之间具有关联的画面组合，可以"讲得通"，也会"讲不通"，这就为许多思想和文学留下充分的余地"讲故事"，发挥申诉的无限余地。这样就会让图像解释的"疑斧现象"和"虱轮现象"[2]发挥，出现图像学解释的莫衷一是的状态。从图法学中的图像构成逻辑的角度来看，这些画面的内容（意义）可以有关联，也可以没有关联，其中包含的"形象"甚至"图画"可以具备各种不同的"图性"，同样性质的图像并列在一起反映了一定的规划和意志（绝

---

[1]　参见《图像志中的条目建立原则（汉画术语表）》，待刊。

[2]　在《汉画总录·沂南卷》导言中，我们强调："著录本身存在的'疑斧现象'和'虱轮现象'，这是因人类生理和心理特质的关联而产生的形相学理论，是对认识结果的质疑。'疑斧现象'指面对'观看对象'有意向引发的'认知'，有时完全是心像的投射，犹如疑人偷斧。其实，对于一个模糊的图像，即使是有同样背景的学者们，看法也各不相同，更何况具有不同知识背景的学者之间。'虱轮现象'是对部分'观看对象'的全局化引申处理。在汉画著录中，这种引申经常发生在对题材和主题的解释上，将细节扩大到遮蔽全体的程度，其认知发展方向不一定趋向事实，而是趋向注意力焦点和重点所指，犹如纪昌学射，将小虱子挂在窗口凝视，三年后觉得大如车轮。我们保持对著录结果的开放性态度。"见王培永、朱青生编著：《汉画总录》（34～36卷），桂林：广西师范大学出版社，2019年。

不是偶然地放在一起，它必须是能够放在一起，或者允许放在一起），也可以是偶然的摆放（由于条件和位置的偶然性而被聚集）。"画幅"可以考虑"图性"图像本身的性质（"三条半"）。如果"图性"不同，计入形相逻辑的结构和显现的方式就不大相同。

整体单位　即一个单体作品如一座单独墓葬／教堂／神庙／会场的全部图像。整体单位在汉画研究中计之为墓葬的全部图像，构成由一个以上的"画幅／幅面"，或者是由一个以上"壁面"和"铺"组成的全部图像。一个整体单位中的图像必有一定程度的相关性，其中各个图像因素之间的关系大于不同整体单位分别出现的图像。同时，整体的一个作品／遗址／墓葬／整体性图像的图像载体，其间的图的性质就是必然有区别。幅面上不同的"图画"组合有可能发生在同性质的图像（图画的图性相同，如都是叙事，但是叙述的不是同一件事）之间，而在整体的图画单位（一个单体作品／此处为墓葬的全部图像）中，肯定是不同性质的图像的集合。必须考虑图性（"三条半"），形相逻辑中出现了同样图性的图像单独互相关联，结构和显现的方式就要按照各自的条块来解释。对分布组合图像之间的关系进行结构性的处理是因为，图像因素之间的实际状况并不考虑图像性质的不同，而造成图像相互之间的必然关联意义。在一个幅面上，不同"图画"和"形象"之间即使同在或者靠近，意义上并没有关联，甚至是没有冲突的"不相干"，或者说是并列关系，甚至仅仅是偶然放置的状态，本身也是一个"关系"，这是一种没有意义逻辑关系的"关系"，在我们研究马王堆一号汉墓帛画时，将之定义为"铺陈"[1]，所以解释也发生在不同性质的图像之间。由此已经凸显出褚兰墓的图像遗存意义之所在。

图法的 7 个层级有各自的学术任务。

第 4 层级"形象"如果与意义发生关联，就是"名物关系"，就是确认这个东西是什么，就是器和物的辨识。由第 4 级可以导向"4 库"——图像数据库研究—研究文献数据库—古文献数据库—器物（考古）数据库，解决其形、事、物（实）与名之间的关系，也就是图—词—物之间的考辨。既可以确认异事同名，也可以把一名同物都考证清楚，术语（名）在不同地区、不同时间、不同方言、不同语言、不同的用法之间的微妙关系也就此获得展开和论证。

第 5 层级"图画"是两个形象之间的关系。这种形象结构组合分成两大类，一种是物与物之间的构成，一种是人（作为主体）跟人或物之间的构成。只不过物与物之间的动态关系是被动的或者是被组合的所指。如果"图画"中有了作为主体的人，出现这个动态关系，

---

[1] 马王堆 T 形画帛是正面朝下覆盖在内棺之上，而且上端两边随意地叠折。马王堆一号汉墓整体上并没有为在两棺之间设置专为这块图画准备的特殊空间，整个的投放的动作也显得随意而不严肃，显然没有设计非常准确严格的摆放位置和朝向（其画面朝下与马王堆三号汉墓帛画的画面朝上相比较，根本不具备仪礼共同的意味）。

就不仅是组合，而且具有了在图画中某一个单位形象的主体性意愿的存在。所以在图画中，这两个层次（被动组合和人为行动）是应该分开来作为"图法"结构加以考虑。

图画与形象的区别在于前者并不是单纯地指向一样东西（名物），而是指这两样东西（单位）之间构成的互动关系。如果与神话、宗教和文学的内容（固定意义的叙事结构）形成图文互证和互相表述的联系，则出现题材和主题（又称画题、标题、故事）。而传统的图像学研究主要针对形相学的"图法学"中的图像构成逻辑第3层级以上的部分。只要一个以上的形象结构在一起，就构成了表意的关系，我们一般把这种关系叫做"叙事"。

其实图像构成逻辑第3层级以上的部分都可称之为"叙事"。叙事（discription）这个词的汉语翻译不恰当，因其是根据文学套用过来的，在图像研究中其实不是"叙事"，而是"描述"。无论叙事还是描述，都会有特定的指向（signing），都会有特定的意义（meaning and content）在内。

形相逻辑即图像构成逻辑的每一个层级因素（指7层），既可以作为基础因素构成上一个层级的图像，也可以作为因素之一构成在自身以上所有层级的图像。所以图像构成逻辑之间并不是逐层顺次累积，而是上一层级是以下层级的综合累积。

汉画研究作为对画像的研究，图画是其中心，图画已经是具有主题和题材的图像因素。分析汉画图像因素，其实从1到7级都有，当然第7级就是整个墓葬画面的整体情况，作为著录的出发点（一个画像石墓）而被著录。《汉画总录》的术语的分类问题其实并不在一个逻辑层次上，而是在不同层次上交叉划分，然后在于视觉与图像的意义和内容的认识关联。

在图法学的图像构成逻辑的7个层阶之上，还需要进一步扩大关注范围，以至在这10层"关系"〔徐州卷前言中所述："任何地理环境都有一个在特殊观念中形成的图像。这样的'关系'可概括为10层，分别为1.线条与形状；2.形状与图形/图势；3.图形/图势与形象；4.形象与图画；5.图画与幅面/画幅；6.幅面/画幅与（非图画器物因素构成的）整体单位；7.整体单位与墓内（全部）；8.墓内与墓上；9.墓葬与所在地理环境（风水）；10.所在地理环境（风水）与山川等。"〕中进行解释，最关键的一层关系在7.整体单位与墓内（全部）；8.墓内与墓上的图像关系。因为考古实物和遗址的例证丰富，但是图像的例证能保留至今的极为罕见，所以宿州的画像石留下的这份宝贵的材料，叫人如何不予以关切？

宿州市博物馆对宿州画像石整体的发现情况、研究情况都做了条分理析的详细介绍，这一部书的出版有利于整个的汉画研究界进一步掌握汉代的图像信息，必定能推动汉画整体研究资料的整理和继续研究。

一、宿州自然地理和秦汉历史沿革

宿州市位于安徽省东北部，东至东北与江苏省宿迁、徐州接壤，西至西北与河南省商丘、山东省菏泽毗邻，南与安徽省蚌埠、淮北相连。总面积9787平方千米。辖1个市辖区埇桥区及砀山、泗县、灵璧、萧县4个县。宿州市位于黄淮平原的东南端，属淮北平原中部，地势由西北向东南略微倾斜。地貌要素的差异较大，大体可分为丘陵、台地、平原三大类型。丘陵主要集中分布在濉河以北，集中在萧县东南部，埇桥、灵璧、泗县的北部。台地主要分布在丘陵周围，可分为剥蚀堆积台地和沉积台地两类。地面先被夷平面后抬升经剥蚀堆积形成的残留阶地是剥蚀堆积台地，基本与丘陵连成一片；沉积台地主要分布于泗县墩集一带，主要由河流冲积物构成。平原是本市地貌中心的主体，由北向南，由西向东呈缓状倾斜。各地的中、小地貌形态及沉积物的性质又各自迥异。大致分三种类型：一是洪积扇和洪积平原；二是黄泛平原；三是河间砂姜黑土平原。宿州介于淮河流域与黄河流域之间，属淮河流域，全市有主要河道70多条，分别属于黄河、淮河水系。较大的河流有浍水、沱河、澥河、濉河、奎河、新汴河、石梁河等。本市河流主要由降水补给，故汛期和雨季基本一致，每年6至9月为丰水期，10月至下年5月为枯水期，有些河道在冬春季节干枯断流。黄河故道是金代明昌五年（1194年）至清代咸丰五年（1855年）的一段黄河遗迹。萧砀境内的黄河故道，至今仍高出地面6～8米，一般称之为黄河高滩地，经砀山中北部沿萧县北界向东逶迤而去，成为该区南北水流的自然分界线，北面之水流入微山湖和京杭大运河，南面之水通过淮河水系的各条支流注入洪泽湖。宿州地属暖温带半湿润季风气候区，主要特点是气候温和，四季分明，雨热同季，光照充足，降雨适中，但降水的年际变化较大，并且空间分布不均，往往因为降水集中，易造成洪涝灾害。从总体上看，本市气候条件较为优越、气候资源丰富，适于多种作物和树木生长。

宿州市在战国后期属于楚，秦统一中国，于此广置郡县。在今淮河以北苏皖交界一带置泗水郡，今宿州市各县区大部分属于该郡，只有西北一隅的砀山属于砀郡。砀郡治所在今砀山北部，泗水郡治在宿州北部。秦末，这里发生了大泽乡起义和楚汉战争。

宿州属于汉室发祥地。西汉，在秦郡县制的基础上实行郡国并行制，据《汉书·地理志》记载，今宿州市各县区分别隶属于徐州刺史部的临淮郡、楚国，兖州刺史部的梁国、豫州刺史部的沛郡。宿地有沛郡治及符离县（治所在今埇桥区东北）、竹县（今埇桥区符离镇以西）、蕲县（治所在今埇桥区蕲县镇）、萧县（治所在今萧县西北）、夏丘县（治所在今泗县城东）、扶阳县（今萧县境），梁国所辖杼秋县（萧县西北老黄口）、下邑县（砀山境），楚国所辖甾丘县（治所在埇桥区北支河乡）、梧县（治所大致在濉溪县杜集区石台镇），临淮郡的僮县（治所在今泗县骆庙乡潼城村）、取虑县（治所在今灵璧县高楼乡潼郡村）。西汉末年，王莽篡夺政权，擅改地名，例如改"符离"为"符合"，"蕲县"为"蕲城"，"竹县"为"笃亭"，"夏丘"为"归思"，"杼秋"为"予秋"，"甾丘"为"善丘"，"下邑"为"下洽"等。东汉，郡国名称也有调整，例如"沛郡"改为"沛国"，"楚国"改为"彭城国"，"临淮郡"改为"下邳国"。

从全国范围来看，汉画像石的分布范围大致有五个区域[1]，分别为：鲁南、苏北、皖北、豫东区；河南南阳、鄂西北区；陕西、晋西北区；四川重庆区；河南郑州、洛阳区。其中以徐州为中心的苏北、皖北、豫东、鲁南区最为密集，但随着考古资料的不断积累，也有学者根据画像石风格的差异，分为不同的小区，如皖北地区、鲁南地区、徐州地区[2]等。宿州地区出土画像石通常归于苏北、皖北、豫东、鲁南区或皖北区这个范围进行研究，从地理位置、汉代所属的行政区划以及出土画像石的大致风格来看，这也是无可厚非的。宿州地区出土画像石风格接近于徐州地区画像石，这是学术界一个普遍的共识，但它是否也有自己的特点呢？这也是宿州基层文博工作者不得不面对的一个问题。要解决这个问题，首先要梳理材料，客观总结认识本地区的画像石。

宿州地区汉画像石的考古工作始于 20 世纪 50 年代，几十年来，相关机构和人员在汉画像石的调查、征集、发掘、整理、研究等方面做了较多的工作，产生了许多的重要研究成果，促进了人们对宿州地区画像石的了解。

---

[1] 信立祥：《汉代画像石综合研究》，文物出版社，2000年。
[2] 武利华：《徐州汉画像石通论》，文化艺术出版社，2017年。

二、宿州地区汉画像石的发现

1956年秋,安徽省博物馆对宿州市褚兰镇的两座画像石墓进行了考古发掘,一为"九女坟"汉墓（M1）,位于墓山孜山顶中部,墓室基本完好；另一座（M2）位于墓山孜西南山脚下,墓室破坏严重,墓室南侧有一石祠,石祠后壁正中镌刻一方小墓碑,得知此墓是"辟阳胡元壬墓",建于东汉灵帝建宁四年（171年）。这是宿州市乃至安徽省第一次正式的汉代画像石墓葬的发掘[1]。

20世纪60年代至70年代,由于社会环境因素,考古活动一度停滞,目前所知的有1965年5月在泗县大庄东汉墓出土的"守食山林图"线刻画像石[2],画面分三层,刻楼宇、车马、人物拜谒、凤鸟等,右门旁界以竹栏,内刻隶书小字"□□三年八月……守食山林川泽……"等字样,共12行,约140余字。

1984年灵璧九顶山发现一座画像石墓,残存四块画像石[3]。《中国画像石全集》第4卷中收录了几块灵璧出土的画像石,有拜谒殡葬图、宴居纺织图、宴居牛车图等,这应是此墓出土[4]。

1985年萧县博物馆与萧县文管所对萧县西虎山汉墓进行发掘,共清理墓葬3座,其中M3为画像石墓,为双人合葬石棺墓,墓门门扉上刻有铺首衔环和斜线地纹,石棺上刻有画像4株长青树及斜线地纹[5]。

20世纪80年代末,在褚兰镇的金山孜,当地群众在生产过程中发现过数量较多的汉画像石,内容涉及演武、博戏、车骑等[6]。

1991年4月,在褚兰镇宝光寺的东山上,村民在开石中发现画像石,文物部门人员到达现场后,确认为石祠构件,共收集画像石6块,在石祠正壁下方有一块凸字形墓碑,额题是"邓掾冢墓",年代为熹平三年[7]。

1997年12月,安徽省文物考古研究所在泗县屏山镇洼张山发掘一座东汉画像石墓,由墓道、前室、天井、墓室组成,共出土画像石62块,现藏于泗县博物馆。

[1] 王步毅:《安徽宿县褚兰汉画像石墓》,《考古学报》1993年第4期。
[2] 安徽省地方志编纂委员会:《安徽省志·文物志》,方志出版社,1998年。
[3] 王步毅:《安徽画像石概述》,《文物研究》第十辑,1998年。
[4] 中国汉画像石全集编辑委员会:《中国汉画像石全集.第4卷.江苏、安徽、浙江汉画像石》,山东美术出版社、河南美术出版社,2000年。
[5] 安徽省萧县博物馆、萧县文物管理所:《安徽萧县西虎山汉墓清理简报》,《东南文化》2006年第6期。
[6] 安徽省地方志编纂委员会:《安徽省志·文物志》,方志出版社,1998年。
[7] 王化民:《宿县宝光寺汉墓石祠画像石》,《文物研究》第8辑,1993年。

1999～2001年，为配合连霍高速公路建设，安徽省文物考古研究所联合地方文物部门对发现的古墓葬进行抢救性发掘，在破阁、王山窝、冯楼墓地发现画像石葬有10余座，为皖北画像石的研究提供了宝贵的材料[1]。

2001年，徐州汉画像石艺术馆在宿州市栏杆镇发现一对石鼓形祠堂，画像内容有征战献俘、拜见东王公等[2]。

2003年12月，萧县博物馆在萧县圣泉乡圣村发现一座画像石墓，由墓门、甬道、前室、后室及两个耳室组成，共出土画像石二十余块，内容丰富，制作精良[3]。

2007年，萧县丁里镇孙小林子村发掘一座画像石墓，由墓道、墓门、前室、后室及东西耳室组成，出土画像石10块。

2008年，在萧县庄里乡城阳村发现一处石鼓形小祠堂的现场遗迹，并包括部分陵园地面建筑[4]。

2010年8月至2011年1月，安徽省文物考古研究所、萧县博物馆在萧县龙城镇陈沟东区和西区发掘了一批汉代墓葬，资料较详细的画像石墓东区有M12、M56、M58三座、西区有一座[5]。

2013年底，泗县大庄镇发现一座画像石墓，其中画像石有4块，为石椁墓壁板，画像内容丰富，雕刻技法采用阴线刻。

2015年10月，在萧县东黄庄发掘了一批汉代墓葬，发现有石鼓形祠堂残石，刻画有力士蹶张、虎、西王母、车马出行等。

2019年4月至5月，在宿州市埇桥区栏杆镇金山寨村发现一座东汉画像石墓，由墓道、甬道、中室、后室及东西两耳室组成，出土画像石共12块14幅[6]。

2019年，在灵璧薄山发现一座画像石墓，刻画有房屋、常青树、凤鸟、人物等。

2020年11月27日，安徽省文物考古研究所、萧县博物馆对王楼墓地进行了考古发掘，其中M5为石室墓，由墓道、甬道和墓室组成。墓门、墓室门扉及门楣上刻凤鸟、虎、铺首衔环、菱形纹等。

综上，是宿州地区画像石发现的基本情况，从地理区域看，主要集中于萧

[1] 安徽省文物考古研究所、安徽省萧县博物馆：《萧县汉墓》，文物出版社，2008年。
[2] 武利华：《徐州汉画像石通论》，文化艺术出版社，2017年。
[3] 周水利：《安徽萧县新出土的汉代画像石》，《文物》2010年第6期；王小凤：《圣村汉画像石略述》，《中原文物》2004年第5期。
[4] 武利华：《徐州汉画像石通论》，文化艺术出版社，2017年。
[5] 安徽省文物考古研究所、萧县博物馆：《安徽萧县陈沟墓群（东区）发掘简报》，《东南文物》2013年第1期；安徽省文物考古研究所：《萧县陈沟墓地（西区）发掘简报》，《南方文物》2013年第3期。
[6] 安徽省文物考古研究所、宿州市博物馆、宿州市文物管理所：《安徽宿州金山寨汉代画像石墓发掘简报》，《中原文物》2021年第1期。

县县城周边及东南部，埇桥区、灵璧与泗县的北部山区（图1）。此外，在埇桥区、萧县、灵璧、泗县等多个地区皆发现或征集了较多画像石，由于时间较长，导致资料残缺不全，很难考证这些画像石所构成的墓葬是什么样的，以及画像石在墓葬中的哪个位置，甚至伴出的随葬品有哪些。

三、画像石的整理与研究

涉及宿州地区出土画像石的研究较多，较早的有王步毅对于宿州褚兰墓山孜画像石及有关物像的认识[1]，并在安徽画像石这一范围下进行了概述，从墓葬形制、内容题材、雕刻技法上分析了安徽画像石的特点，并提出宿州地区画像石同徐州地区画像石风格相一致，而濉溪、亳州等地的画像石风格接近于豫东地区[2]。王化民对褚兰九女坟、胡元壬墓、邓季皇石祠出土的四幅"治经讲学"题材画像石进行了介绍和探索[3]。苏肇平对萧县出土和散存的汉画像石做了统计和分析，就一些画像石内容、技法等问题进行了解读与讨论[4]。周水利对萧县新出土的画像石进行了介绍，并探讨了雕刻技法[5]。孔珂从皖北画像石的研究概况、起源与历史背景、种类与分期、题材内容和雕刻技法六个方面，讨论了皖北汉画像石的文化内涵，总结了皖北汉画像石的几个重要特点[6]。信立祥的《汉画像石分区与分期研究》[7]、米如田的《汉画像石墓分区探讨》[8]、王恺的《苏鲁豫皖交界地区汉画像石墓分期》[9]等有关汉画像石墓的分区与分期方面的探讨对本地区画像石都有涉及。由周水利、朱青生主编的《汉画总录·萧县卷》，收录了萧县出土汉代画像石290块，资料完整，考证严谨，对汉画像石的研究提供了重要的参考资料[10]。

此外，还有众多学者进行了方方面面的整理与研究，在此不一一列举。总结而言，大致有基础资料的整理与初步研究、画像石的分类与分期、史料的发掘、艺术功能的阐释等几个方面。

[1] 王步毅：《褚兰汉画像石及有关物像的认识》，《中原文物》1991年第3期。
[2] 王步毅：《安徽画像石概述》，《文物研究》第11辑，1998年。
[3] 王化民：《安徽宿州褚兰画像石"治经讲学"题材研究》，《中国汉画像石学会第十届年会论文集》，2007年。
[4] 苏肇平：《萧县汉画像石研究》，《文物研究》第13辑，2001年。
[5] 周水利：《安徽萧县新出土的汉代画像石》，《文物》2011年第6期。
[6] 孔珂：《皖北汉画像石综合研究》，安徽大学硕士论文，2012年。
[7] 信立祥：《汉画像石的分区与分期研究》，《考古类型学得理论与实践》，文物出版社，1989年。
[8] 米如田：《汉画像石墓分区初探》，《中原文物》1988年第2期。
[9] 王恺：《苏鲁豫皖交界地区汉画像石墓的分期》，《中原文物》1990年第1期。
[10] 周水利、朱青生：《汉画总录·萧县卷》，广西师范大学出版社，2019年。

宿州市画像石发现地点示意图

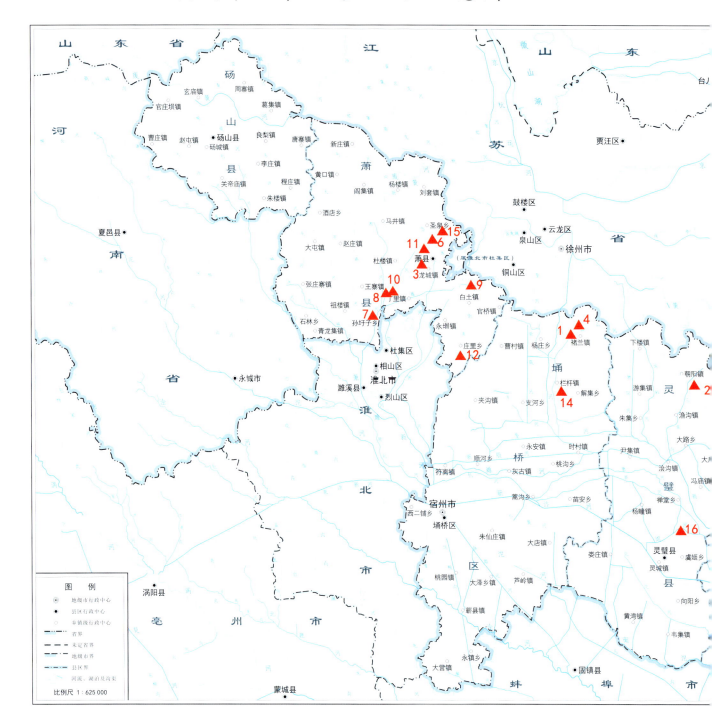

图1 宿州市画像石发现地点示意图

1. 埇桥褚兰画像石墓　2. 灵璧九顶山画像石墓　3. 萧县西虎山汉墓群　4. 埇桥褚兰宝光寺汉墓石祠　5. 泗县洼张山汉墓
6. 萧县圣村 M1　7. 萧县破阁汉墓群　8. 萧县王山窝汉墓群　9. 萧县冯楼汉墓群　10. 萧县孙小林子 M1　11. 萧县陈沟汉墓群
12. 萧县庄里乡汉墓群　13. 泗县大庄汉墓　14. 埇桥栏杆金山寨 M1　15. 萧县王楼 M5　16. 灵璧薄山画像石墓

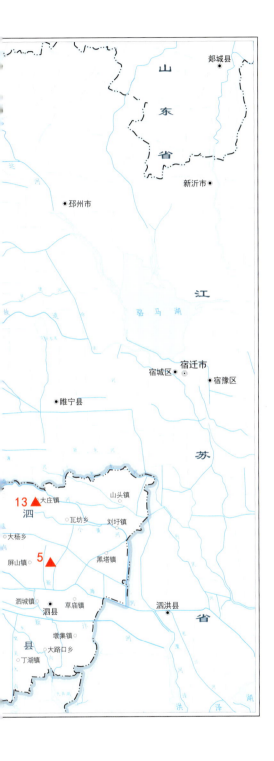

四、汉代画像石类别

按照画像石所属建筑的位置关系来看,主要分属地下和地上两部分,地下主要为墓室,地上部分有石祠、墓垣、石阙等,从宿州发现的画像石来看,除褚兰 M1 墓垣上刻画有菱形纹图案外,主要为墓室画像石和石祠画像石,大部分单独存在,也发现有两者共存的墓葬,为方便叙述,我们分别进行介绍。

(一)画像石祠堂

汉代陵墓中的祠堂分土木结构和石结构两种,石结构的祠堂体量小,四壁雕刻精美的画像石,因此又称画像石祠堂。信立祥在《汉代画像石综合研究》一书中将汉代石结构祠堂分为四种,分别为小型单开间平顶式、单开间悬山顶式、双开间单檐悬山顶式、后壁带有方形龛室的双开间单檐悬山顶式[1]。宿州地区目前发现的汉代石祠主要有两种,分别为单开间悬山顶式和石鼓形,其中石鼓形小祠堂为皖北所特有,在本市及淮北市多有发现。

1.石鼓形小祠堂

石鼓形的小祠堂构造简单,其两块山墙形制类似于明清以来大户大门旁的抱鼓形石墩,《淮北市汉代画像石图录》一书中又将其称为抱鼓石形画像石小祠堂[2]。

2001 年徐州汉画像石艺术馆在宿州市栏杆镇征集

---

[1] 信立祥:《汉代画像石综合研究》,文物出版社,2000年。
[2] 淮北市文化旅游体育委员会:《淮北市汉代画像石图录》,黄山书社,2016年。

了一对石鼓形画像石，左侧山墙画像石残，仅存下部，内容为征战献俘；右侧画像石较完整，画面分为五层，最上层为凤鸟、楼阁，中间两层为拜见东王公，下面两层为舂米、椎牛、庖厨等内容。左侧残缺的部分，应刻有与之对应的西王母内容。雕刻技法上采用平面阴线刻。

徐州博物馆曾在萧县征集了一对石鼓形画像石，右侧山墙上部刻西王母昆仑仙境，下刻秣马图；左侧山墙上部刻伏羲、女娲，下部刻车马出行。

2008年，萧县庄里乡城阳村西南的山坡上发现一处石鼓形小祠堂，由基座石、两侧山墙石、后壁石、顶盖石四部分组成，现仅存有基座石、两侧山墙石。基石宽大，靠后壁的位置刻两只耳杯；"石鼓形"山墙上刻胡汉战争的内容；盖顶为平顶，外檐处刻瓦当纹。有学者并对此祠堂其进行了复原[1]，可看出原貌。

2015年10月，安徽省文物考古研究所、萧县博物馆在萧县东黄庄发掘了六座汉代墓葬，其中M3由墓室、石祠、墓垣组成，墓垣为矮墙，由石块构筑，呈长方形；石祠位于南垣墙正中，仅存基座及左侧石鼓形山墙，正面上刻力士蹶张一弩、虎，侧面刻西王母、车马出行图[2]；单墓室为砖石混合结构，墓门朝西。石祠朝向与墓室朝向并不一致，这也同褚兰M1类似。M5的石祠仅存基石，基石靠后部分有两个耳杯形深窝。

2. 单开间悬山顶式祠堂

单开间悬山顶式祠堂以埇桥区褚兰M1和M2、宝光寺邓掾墓石祠为代表。

褚兰M1残存有部分墓垣，其中南垣和西垣仅存墙基，东垣和北垣各存一段较完整的墙体，石祠位于南垣墙的正中，两端与垣墙相接，成为一个整体。石祠破坏严重，但仍能看出基本构造。基座由三块厚石板平铺而成。山墙为尖顶圭形，屋顶为两坡式，屋顶上面有瓦垄，檐头为云纹圆瓦当，连檐为水波纹。祠门向南敞开，面阔1.4、进深0.9米。内壁及门旁刻满画像，西壁上层刻有西王母图，东壁下层刻有庖厨图，门旁刻青龙、瑞羊图及墙基石上的车马出行图。

褚兰M2石祠亦位于南垣墙正中，面朝南。基座由整块石板平铺而成，基座下有两块石条枕垫，上部有铺三条石作墙基。墙壁是用整块石板立砌在墙基上，墙基略宽出墙壁。石祠面阔1.36、进深1.03、残高1.3米。刻画图像有舞乐、拜谒、宴饮、庖厨、楼宇、门吏、神兽、捕鱼、凤鸟等。后壁石下部中间刻墓主胡元壬墓碑，额题为："辟阳胡元壬之墓"，可释读碑文为："建宁四年二月壬子……为冢墓石……父以九月乙巳母以六月……多子孙……上人马皆食大（太）仓……律令……禄慕高荣寿四敬要（腰）

[1] 武利华：《徐州汉画像石通论》，文化艺术出版社，2017年。
[2] 周水利、朱青生：《汉画总录·萧县卷》，广西师范大学出版社，2019年。

带朱紫车……金银在怀何取不得贵延年……德子孙常为……"由此可知，墓主人为胡元壬，建墓时间为东汉建宁四年（171年）二月。

宝光寺邓掾墓石祠位于埇桥区褚兰镇宝光寺的东山上，当地农民开山采石中所发现。近旁仍可看到墓垣的痕迹，现场共清理出画像石6块，其中山墙2块，正墙残为2块并有缺损，石祠的顶盖也残为2块。这座石祠采用当地石灰岩质青石板材，由正墙、山墙、屋顶盖等部分组成，屋顶雕有瓦垄、瓦当。石祠面朝南，内面阔1.61、进深0.92、高1.4米。顶盖内面刻伏羲、女娲交尾图，山墙上刻画图像有东王公、西王母、拜谒、庖厨、舞蹈、车马出行、捕鱼等，后壁石上刻画图像有纺织、楼宇、拜谒、饮事、舞乐杂技、抚琴、祥禽瑞兽等。后壁石下部中间刻有一凸形墓碑，额题为："邓掾冢墓"，可释读碑文为："熹平三年十二月，乙巳朔，廿一日，乙丑，新广里，邓季皇，年七十四，薄命蚤（早）世，长入幽冥，悲哉伤心，子男伯宗无兄弟持服……丰，造立石宫，垒墓□目十二□……氏之□尽矣，上人……山林饮湖泽，他如律令。"从碑文看，墓主人为邓季皇，额题"邓掾冢墓"说明了他的身份，汉官有掾属，正曰掾，副曰属，俸禄有三、四百石，由此可见墓主人的大致身份。

（二）画像石墓

宿州地区画像石墓数量较多，形制可分为石棺墓、石椁墓、石室墓、砖石混合结构墓四种类型，延续的时间自西汉中晚期至东汉晚期。

1.画像石棺墓

石棺墓体量较小，主要由底板、盖板及四面为榫卯的石板拼合而成，器物置于石棺外一端。石棺墓在本地区尤其是萧县地区常有发现，是本区域汉墓重要的类型之一，可分为有、无画像两类，有画像的较少，画像多刻画在石棺两端的挡板位置，侧板会刻画几何纹饰，总体来说，纹饰较为简单。

2010年11月至2011年1月，安徽省文物考古研究所对陈沟墓群东区进行了考古发掘，共发掘汉代墓葬56座，其中M12为一座画像石棺墓，石棺由底板、各挡板及三块青石顶板组成。头厢挡板四周饰数道直线纹，中部饰菱形纹，两侧各有一圆形玉璧，璧上端刻一箭头；足部挡板周边饰直线纹，线纹交接成面，呈梯形状，中部饰一直线，两侧各有一株常青树（图2）。左右两侧板周边饰直线纹，内侧饰菱形纹。

萧县破阁M156也是一座石棺墓，由上盖板、下底板及四壁板组成，整体呈长方形盒状，长2.86、宽1.08、高0.9米。仅在石棺的两侧壁板上雕刻有直线纹、菱形图案，

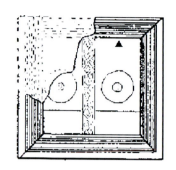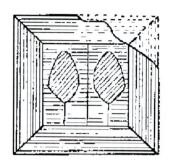

图2 陈沟M12石棺头部、
　　足部挡石图像

图3 萧县破阁M156石棺

随葬品置于石棺外一端（图3）。年代大致为西汉中期。

2.画像石椁墓

汉代画像石椁墓是在墓室中利用加工后的石板砌筑椁室四壁，一般由椁室地板、盖板及各挡板组成。也发现有较多的石椁墓没有刻画图案，这类墓葬年代要早一些。

（1）萧县西虎山汉墓群

萧县西虎山汉墓群位于萧县县城西1.5公里的虎山脚下，1985年发现并清理了汉代石椁（棺）墓三座，分别编为M1～M3，其中M3刻有画像，其形制为带墓道的双人合葬石椁墓（原报告称为石棺墓），由墓道、墓门、前室及双后室组成。墓门两门扉上刻有画像铺首衔环和斜线地纹，棺室两门扉上刻画4株常青树（图4）。出土陶、铜、铁、玉等25件遗物，其中铜印一枚，小篆印文为"陈博"，说明墓主人为陈博，墓葬年代为王莽时期。

（2）泗县大庄汉墓

2013年底，泗县文物部门在泗县大庄镇街南200米处清理一座石椁墓，画面内容有农耕、车马出行、狩猎、杂技、龙、虎等，雕刻粗狂，生活气息浓厚。主要采用阴

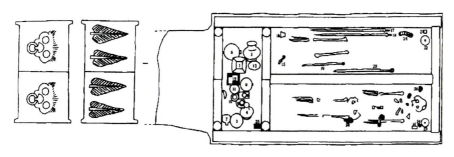

图 4　萧县西虎山 M3
平面图

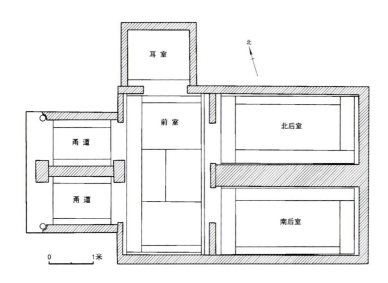

图 5　褚兰 M1 平面图

线刻的雕刻技法。

3.画像石室墓

一般认为，石室墓是在石椁墓的基础上发展起来的。它是用规整的条石仿地面建筑的结构建成的，有"前堂后室"的布局特点。前室一侧往往设置有耳室或侧室，后室有单后室或者双后室。墓顶为叠涩式封顶。具有代表性的是褚兰 M1 和 M2。

褚兰 M1 墓室由双甬道、前室、耳室、双后室组成。墓门朝西，墓门与前室由并列的两个甬道相连接（图 5）。前室呈长方形，地面由厚石板铺成，四壁用厚石板立砌，横卧条石作墙基，墙壁上承横额，顶部为叠涩四级的藻井。石壁上刻有丰富的画像，东壁门楣刻拜谒图，立柱上刻房居宴饮、舞蹈、拜谒、马、铺首衔环等；西壁门楣刻舞蹈图，立柱上刻人物、门吏、神兽、璧帛相交等；南壁额枋刻车马出行、神兽图，下部刻璧帛相交等图案；北壁即耳室门楣上刻车马出行、神兽图，两侧立柱刻人物对饮、神兽、铺首衔环；顶部藻井刻伏羲、女娲。耳室位于前室北侧，底部由石板铺成，四壁用四块石板立砌，顶部叠涩两级。四壁无画像。两后室结构相同、大小一致，长 3.24、宽 1.46、高 2.16 米。各设门、窗通前室，窗为透雕的直棂窗。两后室四壁刻满图案纹饰，有菱形纹、璧帛相交、斜线纹等。北墓室后壁中部刻房居人物宴饮图。南墓室后壁中部刻八鱼绕莲花图案。

褚兰 M2 由前室、两侧室和后室组成，墓向朝西，整个墓室平面呈凸字形，墓顶已失。前室四壁用大石板立砌，下面横卧石条作墙基，地面平铺大石板，四边有整齐的浅沟，墓壁满刻画像，墙基刻车马出行图。后室仅存墙基，上刻菱形纹，地面未铺石板。两侧室结构相同，墙壁用整块石板立砌，无墙基，均无画像与纹饰。

4.砖石混合结构画像石墓

砖石混合结构画像石墓是数量最多的，主要流行于东汉中晚期。在构筑方式上，其主要用石块、石条作基础及构筑墓门、中室四壁，上部用青砖垒砌及构筑券顶、穹隆顶，在萧县孙小林子发现一座墓葬，甬道及中室用石板叠涩构筑，耳室由青砖筑成穹隆顶，后室为券顶结构。从墓葬规模上，大致可分为两类：一类为小型墓葬，主要为单室墓，基本由墓道、墓门、墓室组成，也有一些墓葬会设置一小耳室，如萧县陈沟东区 M56、王山窝 M22、M24，此类墓葬仅在墓门处用石条、石板构筑，包括基础、两侧立柱、门扉及门楣，门扉上刻画有铺首衔环，门楣一般刻画二龙穿璧图案；另一类为中型墓葬，主要为多室墓，基本由墓道、墓门、甬道、中室、耳室、后室组成，此类墓葬除墓门、基础外，中室四壁、门楣亦由石条构筑，且多刻有画像，如萧县破阁 M61、埇桥区金山寨 M1、泗县洼张山汉墓，部分墓葬的后室后壁也由石条或石板构成，上部呈半圆形，其有封堵券顶墓室的作用，如萧县圣村 M1。也发现有砖石结构的双后室墓葬，如萧县陈沟西区 M61，由墓道、墓门、前室、双后室组成，数量较少，但这种横前室、双后室的墓葬形制在安徽汉墓中常有见到。

下面将介绍几座具有代表性的墓葬。

（1）萧县圣村 M1

位于萧县圣泉乡圣村，平面呈"中"字形，由甬道、前室、东西耳室及后室组成，全长 17.78、宽 5.8 米。该墓用规整的石条、石块构筑前室框架、墓门及墙基础，底部、墓室四壁、顶部由青砖构筑。刻有画像的墓石有二十余块，制作精美，题材丰富。墓门门楣外侧刻龙虎图，门额刻椎牛图，门楣内侧刻画车马出行图，两门扉皆刻凤鸟、铺首衔环，立柱刻十字穿环图案。前室北壁门额刻龙、虎、羽人，门楣正面刻神人、铺首，背面刻日月轮、秣马、人物对饮图，左门柱刻翼虎图，右门柱刻楼阁、人物、骑羊图。东耳室门楣刻车马出行图，左立柱刻翼龙、门吏，右立柱刻武士、骑羊图。西耳室门楣刻乐舞百戏，左立柱刻神怪捧日、羽人、神树、鹿，右立柱刻凤鸟、鱼、骆驼、驯象。后室门楣正面刻六博、东王公、西王母，背面刻羽人、凤鸟，左立柱刻女娲，右立柱刻伏羲，中间立柱为四面雕，刻常青树、门吏等，后壁上层石刻楼阙宴饮、凤鸟，中层刻神兽一组，下层刻菱形圆圈纹。

（2）萧县破阁 M61

破阁 M61 位于萧县孙圩子乡破阁村东南山坡上，平面呈"中"字形，全墓由封土、墓道、墓门、前室、中室（附左右耳室）、后室组成。墓门门楣、立柱、两门扉及地袱石组成，门楣上刻二龙穿三璧。门扉内侧刻凤鸟、铺首衔环，立柱上刻门吏。前室北壁门楣刻四龙图，立柱上刻神龙、朱雀。东耳室门楣刻二龙穿九璧，左立柱刻龙、铺首衔环，右立柱刻人物、楼阁、马。中室南壁门楣刻龙、羊图，左右立柱分别雕刻伏羲、女娲，侧面刻一龙，中立柱刻力士、人物、翼虎。西耳室门楣刻车马出行图，左立柱刻跪拜、楼阁、抚琴图，右立柱刻龙、铺首衔环。后室门楣上刻瑞兽画像，左立柱刻一行龙及龙虎争食图，中立柱刻一行虎、一翼虎，右立柱刻翼龙、祥龙戏朱雀图。墓葬年代为东汉中晚期。

（3）埇桥区栏杆镇金山寨 M1

金山寨画像石墓位于安徽省宿州市埇桥区栏杆镇金山寨村，2019 年 4 ~ 5 月，安徽省文物考古研究所、宿州市博物馆、宿州市文物管理所对墓葬进行了抢救性发掘。该墓坐北朝南，方向 40°，平面大致呈"中"字形，由墓道、甬道、中室、东耳室、西耳室、后室组成，残长 12.4、宽 8.5、墓底距地表深 2.8 ~ 5 米（图 6）。共出土画像石 12 块 14 幅。墓门由门楣、门柱、门扉、地基石等组成，门楣正面刻双羊、人物，

图 6　金山寨 M1 航拍

图 7　金山寨 M1 墓门

背面刻伏羲、女娲交尾图，门扉内侧刻凤鸟、铺首衔环（图7）。中室门楣正面刻双鹿、背面刻鹮鱼图，东立柱刻翼龙、人物图，西立柱刻翼虎、人物。后室东立柱刻踞拜、马、铺首衔环，西立柱刻楼阁、人物图。东、西耳室两侧立柱皆刻璧帛相交图案。墓葬年代为东汉中晚期。

该墓曾于2018年7月被盗掘，2018年8月30日安徽省文物鉴定站对现场进行了勘查，发现有两处明显的盗洞，从后来的考古发掘情况看，两处盗洞皆处于中室位置，且分别靠近东、西耳室立柱。2021年，睢宁县公安局破获一起古墓盗窃案，查获一批古代文物，经犯罪分子交代，其中有两块汉代画像石由宿州市栏杆镇金山寨汉画像石墓盗掘而来。从查获的画像石看，皆属于门楣画像石，结合盗洞位置及发掘情况，基本判断这两块画像石是东、西耳室的门楣石，其中一块刻车马出行图，另一块刻画房屋人物、拜谒图。

（4）泗县洼张山汉墓

洼张山汉墓位于泗县屏山镇洼张庄，坐西朝东，由墓道、前室、天井、墓室组成，东西长约14米。该墓发掘资料未公布，但从现有信息看，还存在两耳室，所谓前室有可能是甬道，那么天井则是指前室，墓室即后室，或者是呈前室、中室、后室的前后布局，两侧附有耳室。由此可见，其墓葬形制类同于圣村M1、褚兰M2、金山寨M1。

该墓共出土画像石62块，刻画内容有车马出行图、狩猎图、劳作图、瑞兽图、迎宾图、铺首衔环图、拜谒图、舞乐图等，对于画像石的具体位置，以期以后的发掘报告。雕刻技法上主要采用浅浮雕、平面阴线刻。

（5）萧县王山窝M22、M24

两墓皆由墓道、墓门、墓室组成，并在墓室的一侧设置一个小耳室，用来放置器物。墓门由石材筑砌，由门楣、门扉、两侧立柱及地袱石组成，墓葬其余部分由青砖垒砌。画像设置于门楣、及两门扉上，门楣皆刻画有二龙穿三璧，门扉上部刻十字穿环，下部刻铺首衔环，采用弧面浅浮雕的技法。墓葬年代为东汉中晚期。

（6）萧县陈沟东区M58

该墓由墓道、墓门和墓室组成。墓门由石材筑砌，由门楣、门扉、两侧立柱及地袱石组成，墓葬其余部分由青砖垒砌。墓门门扉上刻铺首衔环、鱼。门楣与两侧立柱皆刻圆点纹、菱形纹、水波纹、连弧纹等几何形纹饰，相互连接，这与其他画像石墓葬门楣与立柱的画像往往各呈一体而有所区别。

五、画像石题材内容

对于画像石题材内容的分类，学术界不同学者的观点也不尽相同。信立祥先生从画像石的内涵上出发，把画像石分为幽冥两界的车马出行图、表现人间现实世界的图像、表现仙人世界和祠主升仙的图像、表现诸神天上世界内容的图像四部分，其认为对直观的画像进行分类，不仅会导致无法总体把握题材内容，而且割裂了各画像石之间的应有联系，忽视了汉画像石的图像配置规律。也有很多学者从画像石的单个文化内涵出发，对具有某一类文化内涵的画像石进行统计归类，提出不同的类型，如社会生活类、神鬼祥瑞类、历史故事类、图案花纹类等，这种分类方法简单易懂，也较为实用。

先搞清楚画像石所属位置及相互关系，再去认识画像内容，会总结出一些客观规律。宿州发现的悬山顶式画像石祠，其图像内容配置，完全符合信立祥所说的天上世界、仙人世界及人间现实世界的描述。石祠后壁画像石第一格基本描述为天上世界，然后下三格是楼阁、人物、庖厨等人间现实世界的刻画，两侧山墙石第一格为东王公、西王母的仙人世界形象，下面再是刻画舞蹈、车马过桥、炊事、捕鱼等人间世界，墙基石刻连贯的车马出行图，雍容华贵，这与山墙石上刻画富有现实气息的车马过桥有着完全不同的意味，当然可以理解为"雍容华贵的车马"正在通往冥界。小小的石祠体现着汉代人的世界观以及对生死的认知。墓室的画像石数量多而题材内容广泛，不同地域墓葬、不同规格墓葬、同墓葬不同位置以及各墓葬时代的不同，在对比上都会产生区别，因此，本作者认为在研究题材内容时，要建立在纵向的时间差别的认识、横向的规格差别、地域差别的认识、同墓葬的整体认识上。诚然，这是建立在有足够且完整的基础材料上，虽然复杂，但也是要坚持的研究性原则。对于简单介绍宿州本地的画像石题材内容来说，某一类文化内涵的画像石进行归类，不失为一个好的选择。因此，我们可以将本地区画像石的题材内容分为社会生产生活类、神鬼祥瑞类、历史故事类、图案花纹类。

（一）社会生产生活类

这一类画像石是数量最多的，具体内容上也非常丰富，也可以再细分为日常生活、生产活动、娱乐活动、建筑类等。

1.日常生活

主要有宴饮、车马出行、拜谒、庖厨、饲马、驯象、门吏、武士、椎牛图、人物交谈图、迎宾图、动物图等。车马出行是画像中常见的题材，出现了各式各样的车，从车的形制看，

图 8 牛耕、纺织、狩猎形象
1.泗县大庄汉墓　2.褚兰M1　3.泗县洼张山汉墓

有辎车、轩车、辒车、幡车、棚车、兵车等；从等级看，有主车、从车、导车。马的数量也不尽相同，有单驾、双驾、三驾、四驾。褚兰 M2 前室中出土了一幅完整的车马出行图，有车乘十四辆，主车为驷马轩车，辕上龙首高昂，车前有伍佰、骑吏和三车作前导，后有从车九辆，还有置盾、棒的兵车和两名弩手护卫。画像石反映出汉代车马的大体情况，对于研究汉代车马制度、车马形制及装饰、社会生活有重要的参考价值。动物图主要是生活中常见的物种，如牛、羊、鸡、狗、鱼、骆驼、象、鸟等。

2.生产活动

主要有踏机织布、摇车纺线、牛耕、捕鱼、狩猎图、辘轳汲水图、担水等。这一类主要反映的是汉代的经济，与农业、手工业相关的内容。泗县大庄汉墓出土的画像石中，有一幅完整的牛耕图，一人左手扶犁右手执鞭，两牛拉犁耕地，两牛之间有一横木，起平衡作用，前方一人执绳牵引，周围有农者担水等活动（图8：1）。纺织图见于埇桥区及灵璧的画像石中，褚兰 M1 石祠后壁石第二格下层中，有三位妇人在纺织，三人从事不同的工序，有踏机织布，有摇车纺线（图8：2）。宝光寺石祠西山墙刻画了一组桥下捕鱼图，有撑船者、捕鱼者、收鱼者，相互协作，捕鱼工具有罩、网、篓等。狩猎图也常见，有骑马带犬围猎群鹿的景象（图8：3），也有树下拉弓欲射群鸟的情景。牛耕、纺织、捕鱼、狩猎等图像形象的体现了汉代社会生产状况，是封建社会男耕女织的小农经济的反映。

3.娱乐活动

主要有乐舞百戏、击鼓、杂技、舞剑、斗兽、舞蹈图、六博图、抚琴图等。常见的乐器有鼓、排箫、笙、竽、笛、琴等，常见的舞蹈有鞞舞、舞剑、巾舞、长袖舞、鼓舞等，杂技表演有跳丸、倒立等。反映出了汉代丰富多彩的娱乐活动。

图9 动物拉车形象
1.灵璧熹平三年画像石上格　2.支河乡鹿车·楼阁·跪拜画像石上格　3.灵璧画像石下格

4.建筑类

反映建筑方面的有楼阁、房屋、庑殿厅堂建筑、庭院、斗拱、阙、直棂窗、桥梁等。房屋建筑有单体建筑、并列式建筑和干栏式建筑等，阙有单阙和双阙，楼阁有单层、双层、三层楼阁，楼层间有台阶式或斜坡式楼梯。桥梁一般为拱形桥，上有车马人物，下刻画捕鱼等场景。这些画面很宏观的向我们展示了汉代建筑的基本面貌，反映了汉代建筑的高超水平。

（二）神鬼祥瑞类

1.神话传说、升仙方面的画像

主要有东王公、西王母、伏羲、女娲、蚩尤、方相氏、羽人、升仙、河伯出行、玉兔捣药、双龙穿璧等。其中常见为伏羲、女娲和东王公、西王母、双龙穿璧图。伏羲、女娲皆半人半龙身，龙身披鳞，有的带爪，也有不带兽爪的，有学者认为是半人半蛇，一些史料上也有"人首蛇身"的记载。两者形象单独存在时，一般为立柱，呈对称分列，本地区也发现伏羲、女娲交尾图，位于墓室的藻井位置，如褚兰 M1，也有位于门楣位置，如金山寨 M1。伏羲、女娲交尾形成的圆圈内有刻莲花、三足乌、蟾蜍和玉兔等，反映出了阴阳的思想和生殖崇拜。

洼张山画像石有"兵器之祖"蚩尤的形象，头顶插三只箭的弩弓，右手执戟，左手握一长形兵器，似带缨的矛，右脚举短剑，左脚举长柄斧。相似的画像在山东沂南等地也有出现，有关学者对此类型画像也进行过讨论[1]。

---

[1] 刘冠、徐呈瑞、郑亚萌、陈佳星：《传播与叙述——对打鼓墩樊氏墓和曹庙祝圩汉画像石的几点认识》，《形象史学》2021年秋之卷（总第十九卷），中国社会科学出版社。

东王公、西王母都是道教神仙体系中的代表人物且汉代人认为西王母掌管着长生不老的灵丹妙药，对其高度尊崇，也反映出人们对于长生不老的向往和羽化升仙的迷信思想，多发现于石祠山墙或墓室立柱，呈对称分布，而不存在于同一块画像石，这也可能有代表阴阳的意思。双龙穿璧图发现较多，有穿三璧、五璧，在萧县破阁 M61 甚至发现了穿九璧的情况，此类画像石一般位于墓室的门楣上，玉璧是古代礼制活动中非常重要的玉礼器之一，由神龙护送，也寄托和表现了古人追求死后升仙的强烈愿望。

人乘鱼、鹿、马、龙等，或者乘这些动物牵引的车，也反映出人物希望借助这些升天工具，升入仙境，得道成仙。在宝光寺石祠后壁上格中有表现鱼拉车的画像，《中国画像石全集》中称此画像石为"熹平三年河伯出行、宴乐、纺织画像，画面中一尊者、一驭者乘坐于三鱼拉的云车上，前有骑鹿者引导，后有双虎护卫（图9：1），有学者考证，鱼为鲤鱼，这和琴高骑鲤鱼升仙的故事相一致，汉代人模仿此故事，借鱼成仙，成为当时人们想象中升仙的一种途径，升仙者大多坐于车上，由这些动物拉着升仙，可能是为了显示升仙者身份的尊贵。支河乡出土的一块画像石中，描绘了一鹿拉云车，车上一驭者、一尊者，后随三条鱼，应表现为同样的升仙故事（图9：2）。灵璧出土的一块画像石刻画一马牵引一轺车，车内一驭者、一尊者，马车上部有两飞行人物（图9：3），从这幅画面可以看出，马车也是墓主人升仙的重要工具之一。

有学者认为伏羲、女娲这类图像主要出现在墓主人升天成仙的旅程中，其应与汉代升天成仙的信仰有关 [1]。也有学者认为：将西王母、仙人、四神这类的图像与墓主升仙联系到一起，这种解释不免失之于简单化，因为这些信仰或图像首先是存在于现实世界，它们是秦汉时期神仙思想的图像化表现，人们信仰神仙思想的目的是追求长生不老，即成仙，这是生人的追求，人一旦死去，便失去了成仙的条件和机缘，墓葬是死者的冥界之家，这里的装饰图像只是复制、再现了现实世界的神仙思想，其实并不存在死人升仙的理论和实践 [2]。当然，这些也不无道理。

2.反映祥瑞辟邪的画像

主要有奇禽异兽、灵瑞植物、玉璧等。

奇禽异兽有四神（青龙、白虎、朱雀、玄武）、凤鸟、翼龙、翼虎、鱼、瑞鸟、比翼鸟、麒麟、鹿、猫头鹰、羊头、铺首衔环等。相比而言，铺首衔环、反映龙、虎形象的画像石是本地区数量最多的，凤鸟常与铺首衔环一起出现在墓门门扉上，有代表祥瑞和辟邪之意。萧县画像石多异兽的形象，如人首鸟身，人面兽身等。东王公、西

---

[1] 王煜：《汉代伏羲、女娲图像研究》，《考古》2018年第3期。
[2] 刘振东、谭青枝：《秦汉时期考古》，《中国考古学年鉴2019》，中国社会科学出版社，2021年。

图 10　抚琴、七女为父报仇故事形象
1.符离出土　2.褚兰M2石祠西壁下格　3.宝光寺石祠西壁下格　4.内蒙古和林格尔壁画墓

王母两侧也有一些人身牛首、人身鸡首的形象。灵瑞植物有灵芝、莲花、蓂莆、神树、嘉禾、常青树、瑞草等。洼张山汉墓画像石中灵芝形象多有出现，代表祥瑞之意，但从功能布置来看，很大可能是用于画面的补白，从而使整个画面有饱满之感，这不得不说也是泗县画像石重要的特点之一。

（三）历史故事类

本地区发现的历史故事类画像石并不多，宿州民间散存的有二桃杀三士的故事 [1]。由于本地区画像石基本无榜题，因此对画像石中刻画历史故事的考证，可以参考其他地区有榜题的画像石，以便甄别。

符离出土一块抚琴、玄武、讲学画像石（图 10：1），两位着冠男子席地而坐，右者专注抚琴，左者宁神谛听，左侧鹤、鹿、羊等动物都被吸引，静静聆听，有人认为抚琴与听琴者，可能是伯牙与钟子期 [2]。

表现七女为父报仇的故事，见于宿州褚兰胡元壬墓石祠西壁、宝光寺邓季皇石祠西壁中的桥梁图（图 10：2、3），该故事并未见于历史记载，但在山东莒县东莞画像石与内蒙古和林格儿壁画墓中，发现有内容基本一致的画像，榜题为"七女为父报仇"，其中和林格儿壁画桥上五位女子围住辂车进行攻击，桥下有两只各载三人的船，桥下有"渭水桥""长

[1]　孔珂：《皖北汉画像石综合研究》，安徽大学硕士论文，2012年。
[2]　王步毅：《安徽画像石概述》，《文物研究》第11辑，1998年。

图 11　周公辅成王故事形象
1.宝光寺石祠后壁最下格　2.支河乡鹿车·楼阁·跪拜画像石最下格　3.褚兰M2石祠后壁最下格
4.徐州洪楼画像石　5.徐州铜山吕梁画像石

图 12　曾母投杼故事形象
1.泗县洼张山　2.济宁武梁祠西壁

安令"的题刻。此画面可能是描述在渭水桥上七女复仇长安令的故事[1]（图10∶4）。

表现周公辅成王的故事，目前有三幅画像，分别为宝光寺石祠后壁最下格左侧（图11∶1）、支河乡出土的鹿车·楼阁·跪拜画像石最下格右侧（图11∶2）、褚兰胡元壬墓石祠后壁最下格右侧（图11∶3）。画面中成王位于画像的中间，后有周公为他执掌华盖，前方有两位谒者及五位伏地跪者，象征周公辅成王治理天下。在徐州洪楼和铜山吕梁出土了相似的画像石，其中铜山吕梁画像石上有榜题，其画面最左侧刻"周公"，

---

[1]　李亚利、腾铭予：《汉画像中桥梁图像的象征意义研究》，《华夏考古》2015年第1期。

前有一侍者手持方形华盖，上有榜题"中侍郎"，华盖下为成王，左侧有两位拜见者，左上有榜题"谒者"，后有五位头戴高冠的人物，皆作跪拜状，画面最左端人物有榜题为"郎中"，侍郎、谒者、郎中皆为汉代的官名。

泗县洼张山有块画像石刻画曾母投杼的历史故事，一妇人坐于机杼前，回首望向其前方的跪者曾子，左手中梭子应声而落（图12:1）。在山东济宁嘉祥武梁祠西壁中，有相同的画面（图12:2），此画面上榜题为"曾子质孝，以通神明，贯（感）神祇，著号来方，后世凯式，（以正）抚纲"；"谗（言）三至，慈母投杼"[1]。此画像石其余画面丰富，画面中有多位跪着，"跪着"形象在历史故事类画像石中常有见到，至于是对应哪个历史故事需要进一步的考证。此画像石及同出的几块画像石上，刻画的人物上方皆有一空白的榜题，应是对画像的解释，但未刻字，在画像的认识上有极大遗憾。

（四）图案花纹类

图案花纹类图像最常见的有菱形纹、璧帛相交纹、水波纹等，其他还有连弧纹、绳纹、锯齿纹、方格纹、垂幛纹、三角纹、直线纹、平行线纹、半圆形纹、十字穿环纹、涡形纹、乳钉纹、回形纹、圆点纹、圆圈纹、云纹、柿蒂纹等。这些图案大多存在于图像的外框内，一些墓葬的基石或立柱的侧面会刻画菱形纹、圆圈纹等，大多起装饰性作用。

六、画像石雕刻技法

对于画像石的雕刻技法，有众多的学者都进行过分类和研究，由于依据的原则不同，造成各种雕刻技法的名称各异，同一种技法，不同的学者可能有不同的叫法。总体而言，画像石的雕刻技法主要有两大类：线刻和浮雕。从本地区的画像石雕刻技法来看，主要为阴线刻和浅浮雕，其中阴线刻有平面阴线刻和凿纹地阴线刻，另外还有少量的高浮雕和透雕，同一个墓可能有多种风格的画像石，同一块画像石也可能会用到不同的雕刻技法，比如浅浮雕的图像上，用有阴线刻来表现内部或细节。

（一）线刻类

线刻类图像的轮廓和细节主要用线条来表现，不需要表现物象的质感。最具代表性的是阴线刻，直接在石面上刻画图像，物象表面没有凸出。可分为平面阴线刻和凿

---

[1] 巫鸿：《武梁祠——中国古代画像艺术的思想性》，生活·读书·新知：三联书社，2015年。

纹地阴线刻。

1.平面阴线刻

即在磨制平滑的石面上用阴线刻出图像。大庄石椁画像石、洼张山汉墓大多数画像石及灵璧的几块画像石都采用此技法，石面磨制平滑，然后刻画外框及图像。相比来看，年代早的大庄画像石画面粗狂，手法生动写意，有朴拙之感，年代晚的灵璧几块画像石及洼张山画像石，线条繁多流畅，画面饱满而内容丰富，这也可能是绘画技巧由初到高的反映。

2.凿纹地阴线刻

即余白面上留有平行凿纹的阴线刻技法，先用凿等工具将石面打制平整而留有较细的平行凿纹，再以稍粗的线条刻画图像。金山寨 M1 出土的伏羲女娲交尾图、凤鸟铺首衔环、璧帛相交图案等都采用此技法，但是余白的凿纹过于粗深，而使物象不甚清晰，给人粗狂朴拙之感。

（二）浮雕类

浮雕类雕刻技法，为了表现物象的质感，不仅将物象面以外的余白面削低，使物象明显浮起，而且要将物象面削成弧面。分为浅浮雕、高浮雕和透雕。

1.浅浮雕

浅浮雕的物象浮起较低，再用阴线刻画物象的细节。这类雕刻技法是本地区画像石最主要的、也是画像石数量最多、使用最广泛的雕刻技法，涉及画像石出土的所有地区、所有类型的墓葬。代表性的画像石众多，可参见本图录中收录的萧县圣村 M1、褚兰 M1 画像石，这可以认为是本地区浅浮雕画像石的巅峰之作。

2.高浮雕

这是铲地较深、物象浮起很高的雕刻技法，本地区发现数量很少，目前仅发现萧县圣村 M1 六博图两侧、龙虎门楣上的柿蒂纹图案采用这种技法，柿蒂纹轮廓较为凸出，立体感强，整体很圆润。

3.透雕

主要是指将物象的某些部位镂空的雕刻技法，主要是直棂窗的雕刻表现形式，褚兰 M1 后室的两立柱、萧县白土镇出土的虎·铺首衔环画像石中的直棂窗是采用这种技法，其他少见。

七、画像石的构图方式

构图是指作品中艺术形象的配置方法，它是表现作品思想并获得艺术感染力的重要手段，它在中国古代绘画中有着重要的位置。信立祥先生在《汉代画像石综合研究》中，根据构图视点，分为等距离散点透视和焦点透视，其中等距离散点透视又有四种表现形式，分别为底线横列法、底线斜透视法、等距离鸟瞰斜侧面透视法、上远下近的等距离鸟瞰透视法，分类较为详细。宿州地区画像石主要采用平面构图和散点透视的方法，根据画像石的形状及表现内容，也可以分为竖式构图、横式构图。为方便起见，暂按此介绍。

1. 横式构图

横式构图也称水平空间构图，是最常见也是最重要的构图方式。这种构图方式没有远近大小，都是在一个水平线上横向排列，构图简单，并且画面有一个方向性。最常见的是车马出行，图像是从侧面或斜侧面捕捉到的造型。从侧面往往不能展现物象的全貌，但古代工匠又独辟蹊径，创造性的进行局部展开，如萧县陈沟等地出土的刻画虎的画像石，对虎背面的脸部向上进行了展开，这也可能是绘画者由平面式绘图向立体式绘图的探索。

著名美术史学者巫鸿先生在《移动的画面——古代中国对世界艺术的一大贡献》的讲座中提及"汉代画像石可能是源于手绢画"，认为有些的画像是根据手绢画进行创作的，这是一个很有意思的提法，那么画像石横式构图就很容易理解了。

2. 竖式构图

又称垂直式构图，它是将竖幅画面分为多层横式的画面，以横线为界格，每层形成独立的画面。如褚兰、宝光寺石祠山墙、后壁画像石中，画面分四层，每层都表现不同的内容。宝光寺西山墙第一格为西王母居中，两侧刻羽人，第二格刻九舞者，第三格刻车马过桥场景，第四格刻桥下捕鱼场景。

横式与竖式的构图方式往往是根据石头的形状进行构图的，门楣、基石采用横式构图，山墙、立柱多采用竖式构图。横式构图的方向往往是指向一侧，多画面的竖式构图中，西王母、东王公、楼阁中的人物，往往在中心位置。无论是哪种构图方式以及表现形式，画像石都是作者内心意向的表达，并不拘泥于固定的视点，根据想表现的内容来选择不同的方式方法，灵活运用，使画像布局更完美，当然这可能是一个持续的过程，并不局限于某个个体，绘画者对艺术本身的不断追求，从而促使了绘画的进步。

八、分期与年代

从苏鲁豫皖这个画像石分区来看，有众多的学者作过分期与研究，在年代与分期上初步统计有十几种，总的来看，以三期、四期居多，也有学者分为五期，这些研究中当以王恺、夏超雄、信立祥先生等为代表，也有学者以视觉形式为主要考察对象，并结合其他因素，分为了八组[1]。当然这些学者的分期是建立在当时的资料基础上，分期的依据或标准也有不同，随着考古资料的不断更新和研究的不断进步，根据不同的考察对象或标准，在分类和分期上可能更加细化。

1. 分组与年代判断

就目前宿州地区发现的画像石资料来看，根据墓葬形制、随葬器物并结合画像石内容、表现形式、雕刻技法等因素，可将本地区画像石分为五组。

第一组，代表性墓葬有萧县破阁 M156、陈沟 M12 等。墓葬形制皆为竖穴土圹单人石棺墓，随葬品为鼎、盒、壶、钫的仿铜陶礼器组合。画像位于石棺的内壁上，端板处刻常青树和悬璧纹，侧板刻几何纹饰，主要有菱形纹、直线纹。雕刻技法上采用阴线刻，石面较为粗糙，未经细加工，有的石面上凿纹较明显，图像及纹饰刻画较浅。从随葬品的组合及特征看，破阁 M156 的年代为西汉中期，陈沟 M12 虽然没有随葬品，但这两座墓的石板侧板的几何图案几乎一致，但在端板上产生了新的图案，从这点看，陈沟 M12 与破阁 M156 同期或稍晚，土山汉墓群采集的一批画像石，其悬璧图同河南夏邑吴庄石椁墓前挡板的图案基本一致，吴庄石椁墓的年代为西汉后期偏早阶段[2]。综上，此组的年代应为西汉中晚期。

第二组，代表性墓葬有萧县西虎山 M3、泗县大庄汉墓等。墓葬形制为石椁墓。以阴线刻为主要雕刻技法。西虎山 M3 为双人合葬墓，出土一批彩绘陶器，并伴出五铢、货泉、大泉五十铜钱一百余枚，在墓门门扉和棺室门扉上分别刻有铺首衔环和常青树，雕刻技法采用凿纹地阴线刻。大庄汉墓资料较少，但画像内容丰富，画风粗狂，其中画像的人物风格同江苏连云港锦屏山桃花涧画像石墓[3]极其相似，桃花涧墓出土王莽时期铜钱，时代较为清楚，大庄汉墓应与其年代相近或稍晚。这组年代为王莽时期或东汉早期。

第三组，代表性墓葬有萧县陈沟东区 M56、M58，萧县冯楼 M26，萧县王山窝

---

[1] 郭晓川：《苏鲁豫皖汉画视觉形式演变的分期研究》，《考古学报》1997年第2期。

[2] 商丘地区文化局：《河南夏邑吴庄石椁墓》，《中原文物》1990年第1期。

[3] 李洪甫：《连云港市锦屏山画像石墓》，《考古》1983年第10期。

M22 ~ M24、M50，破阁 M127 等。墓葬形制为砖石混合墓葬，根据室的多少，可分为单室墓、双室墓和横前室双后室的三种类型，有的单室墓和双室墓附有一耳室。此组墓葬的画像石主要位于门楣和门扉上，门楣一般是二龙穿三璧，门扉上刻铺首衔环及十字穿环或凤鸟，以浅浮雕为主，可以看出，此组画像石所在位置相对固定、画像内容相对简单。随葬器物以模型明器为主，泥质陶器和釉陶均有，出土的五铢钱制作粗糙，质量较轻，"五铢"的总体特征接近于洛阳烧沟第四型[1]，其通行时间大致为汉桓帝、灵帝之时。陈沟 M56 门扉与淮北"建初四年"门扉基本一致，不同的是陈沟画像石边框有水波纹、连弧纹、菱形纹，其年代应稍晚于淮北"建初四年"画像石。综上，此组年代应为东汉中晚期。

第四组，有明确纪年的熹平三年宝光寺石祠。在地下墓葬上，根据墓葬不同，分为两类，一类代表性墓葬有萧县冯楼 M8、萧县破阁 M61、萧县圣村 M1、埇桥金山寨 M1 等，墓葬形制为砖石混合墓葬，平面均呈"中"字形，由墓道、墓门、前室、中室、后室及两耳室组成；另一类代表性墓葬为褚兰 M1 和 M2 为石室墓，M2 有纪年为建宁四年（171 年）。此组画像石墓体量较大，画像石数量较多，画像内容及其丰富且复杂，雕刻技法上以弧面浅浮雕为主，画像细节上采用阴线刻，同时出现了高浮雕、透雕等。边栏上亦趋复杂，有单边框、双边框和多边框，框内饰有各种纹饰。画像采用横式构图和竖式构图，竖式构图上多采用分格，在表现形式上，采用对称、均衡等艺术表现手法。圣村 M1 画像石刻画精美，但有些动物面部的侧面进行了向上展开，在平面上想要表达出立体感，但表现不够成熟，略显怪异；在人物表现上，为表现出人物面部整体特征而只能使人物面向正面，其表现手法类同于山东苍山元嘉元年画像石墓人物面部的画像[2]，有学者认为苍山墓的年代极有可能是桓帝以前即东汉中期的作品[3]，相比较褚兰画像石墓的车马，已经有了成熟的前后纵深关系的表现，从这点上看，圣村 M1 在年代上要比褚兰墓要早。此组画像石墓是本地区画像石发展的高峰期，是本地画像石的代表。综上，此组墓葬年代为东汉中晚期。

第五组，以泗县洼张山画像石墓为代表。其墓葬形制类同第四组一类，前文已有叙述。此墓画像石风格与其他墓葬迥乎不同，雕刻技法上主要采用浅浮雕和平面阴线刻，图像刻画上不再追求正视、正侧视，而富有自然主义的写实风，线条流畅、劲健，同现在的素描一般。

---

[1] 中国科学院考古研究所：《洛阳烧沟汉墓》，科学出版社，1959年。
[2] 山东省博物馆、苍山县文化馆：《山东苍山元嘉元年画像石墓》，《考古》1975年第2期，
[3] 郭晓川：《苏鲁豫皖汉画视觉形式演变的分期研究》，《考古学报》1997年第2期。

同时，在画像布局上，在主体画像以外的空白区域，多填充植物、动物，使画面很少留有空白，人物之间也紧密相接，从而使画面极其紧凑，给人"很挤"的感觉，但这种"很挤"又没有让人有任何不适之感，在这点上，与前几组画像石有明显的不同。相似的线刻类画像石在灵璧九顶山[1]也出现过，宿州市博物馆所藏的灵璧武将及人物画像石拓片也是这种类型，在苏北地区也常有见到这种风格，有学者统计起码有七处，从所属汉代行政区域看，这些画像石皆处于东汉彭城国和下邳国范围内[2]，就物像的刻画内容及特征而言，洼张山画像石极其接近于泗阳县打鼓墩樊氏墓画像石和泗洪县曹庙祝圩画像石，从人物刻画来看，仿佛是同一批工匠的作品，发掘者认为打鼓墩樊氏墓为曹魏时期的可能性较大[3]，也有学者认为其年代为东汉晚期[4]。就画像石发展的逻辑性看，洼张山画像石要比宿州其他地区画像石表现手法更加高超，也更加成熟，当然其年代也较晚，不会早于上文的第四组东汉中晚期墓葬；在地域空间上，洼张山画像石明显与泗洪、泗阳画像石更加接近，在东汉时同属下邳国范围，其年代应基本一致。综上，洼张山画像石墓的年代定为东汉末期较为合适。

　　《汉画总录·萧县卷》中收录了一批萧县丁里镇孙小林子村出土的画像石，书中将其定为东晋时期。从墓葬形制及画像石的风格并与周边地区的画像石墓对比来看，其年代明显属于东汉时期，与上文第四组画像石比较接近，河南永城太丘一号墓[5]和二号墓[6]画像石与此墓画像在物像内容、风格及边框纹饰上也极其相似，其发掘者认为墓葬年代为东汉早期和东汉中期偏早。从孙小林子墓出土的一批青瓷器看，又明显具有魏晋时期风格；同时，据了解，在主墓室的横梁上有"庞监军"[7]"山下"等文字，字迹模糊不可辨，从铭文所出位置和字迹看，这很有可能与画像石并不是同期的。根据以上判断，初步怀疑这座墓葬存在再葬行为，魏晋时期葬者直接利用了东汉墓，有"鸠占鹊巢"的意味，这种现象在栏杆金山寨 M1 中也有所端倪，后人利用前人的墓穴再葬，这种行为在在河南、江苏、山东也有出现，甚至在南阳地区再葬画像石墓约占当时发

[1]　中国汉画像石全集编辑委员会：《中国汉画像石全集.第4卷.江苏、安徽、浙江汉画像石》，山东美术出版社、河南美术出版社，2000年。

[2]　刘冠、徐呈瑞、郑亚萌、陈佳星：《传播与叙述——对打鼓墩樊氏墓和曹庙祝圩汉画像石的几点认识》，《形象史学》2021年秋之卷（总第十九卷），中国社会科学出版社。

[3]　淮阴市博物馆、泗阳县图书馆：《江苏泗阳打鼓墩樊氏画像石墓》，《考古》1992年第9期。

[4]　武利华：《徐州汉画像石通论》，文化艺术出版社，2017年；刘冠、徐呈瑞、郑亚萌、陈佳星：《传播与叙述——对打鼓墩樊氏墓和曹庙祝圩汉画像石的几点认识》，《形象史学》，2021年8月。

[5]　李俊山：《永城太丘一号汉画像石墓》，《中原文物》1990年第1期。

[6]　永城县文管会、商丘博物馆：《永城太丘二号画像石墓》，《中原文物》1990年第1期。

[7]　文字或为"庞坚车"，相关的报道内容不一致。

掘的画像石墓数量的四分之一[1]，这种行为表现为两个方面，分别是利用墓穴再葬和利用画像石再建。这种行为的出现，应是社会动荡、经济凋敝所导致，丧葬习俗的改变也是重要原因[2]。综上，孙小林子画像石的年代应为东汉中晚期。

2. 年代分期与演变

根据现有的墓葬资料，可以将上述五组分为四期。

第一期：为第一组，年代为西汉中晚期，墓葬形制为单人石棺墓，画像石内容简单，流行凿纹地阴线刻。数量少。

第二期：为第二组，年代为王莽至东汉早期，墓葬形制上，出现了双人合葬石椁墓，这可能与汉代早期流行同茔异穴合葬到后来流行同穴合葬的葬俗有较大关系。画像仍然以阴线刻为主，但画像内容有了较大丰富。数量少。

第三期：为第三组和第四组，年代为东汉中晚期，流行砖石混合墓和石室墓，不同墓葬的规模差距较大，有单室、双室和多室。开始出现地面石祠，石祠后壁也出现了墓志，并有明确的纪年。画像以浅浮雕为主，画像内容及其丰富，基本涵盖了所有类别，是画像石发展的高峰期。数量较多。

第四期：为第五组，年代为东汉末期，数量较少。墓葬形制无太大变化。画像石上，以平面阴线刻为主，物象精细且紧凑，表现极其成熟，受江苏地区影响较大。

魏晋时期，有利用东汉画像石墓再葬的行为，但此时画像石仅可能是作为墓葬的建筑材料而使用，画像所反映当时社会生活、思想或丧葬行为的原有功能已经失去了，也为画像石的出现、发展、高峰、消失的这三百余年的历史过程划上了句号。

九、结语

汉画像石一直是本地区重要的文物资源，近年来也不断有新的发现，对画像石的整理和研究将是一项持续不断的工作，不断的归纳与总结，对于画像石的认识也是不断上升的，与周边地区画像石的对比认识，也将是重要的研究内容，这样才能更好的理解宿州地区出土画像石产生的历史背景、所处地位、自身的风格特点以及所带来的历史和文化艺术价值，这对于展现本地区汉代历史文化有重要意义。

---

[1]　崔平：《论南阳发现的再葬画像石墓》，中国汉画学会第十届年会论文集。
[2]　钱国光、刘照建：《再葬画像石墓的发现与再研究》，《东南文化》2005年第1期。

第一章

萧县篇

常青树

Evergreen Tree

西汉

横 68、纵 64、厚 8 厘米

萧县土山汉墓群采集

石椁挡板

萧县博物馆藏

画面中部刻一株桃形树冠的常青树。为阴线刻。

002

悬 璧

A Jade is Hanging

西汉

横 70、纵 72、厚 13 厘米

萧县土山汉墓群采集

石椁挡板

萧县博物馆藏

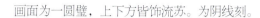

画面为一圆璧，上下方皆饰流苏。为阴线刻。

悬 璧

A Jade is Hanging

西汉
横 64、纵 69、厚 12 厘米
萧县土山汉墓群采集
石椁挡板
萧县博物馆藏

画面左、右皆刻一圆璧，其上下方皆饰流苏。为阴线刻。

004

二龙穿九璧

Two Dragons Acrossing Nine Jades

东汉
横 238、纵 45、厚 30 厘米
1999 年萧县破阁 M61 出土
中室东壁耳室门楣
萧县博物馆藏

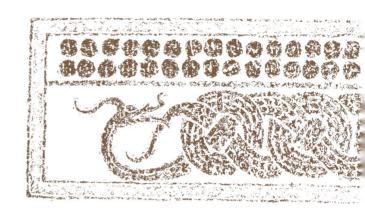

　　画面分上、下两格，上格内填刻二排圆形点，下格刻二龙穿九璧，二龙皆张口回首、圆目、长须，互衔其尾，外框饰水波纹。为浅浮雕。

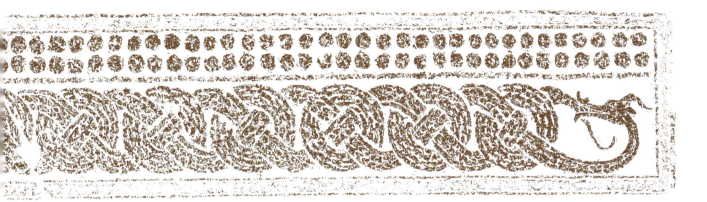

龙·铺首衔环

A Dragon, Animal Head Doorknockers with Rings

东汉
横 43、纵 131、厚 31 厘米
1999 年萧县破阁 M61 出土
中室西壁耳室右立柱
萧县博物馆藏

　　画面上部一龙，头生一角，张嘴长须，通身披鳞，颈部至后足下缘皆有生羽，爪皆三趾，引颈下探衔下方铺首顶尖，下部为铺首衔环，环下有璧帛相交纹。为浅浮雕。

龙·铺首衔环
A Dragon, Animal Head Doorknockers with Rings

东汉
横 43、纵 131、厚 31 厘米
1999 年萧县破阁 M61 出土
中室东壁耳室左立柱
萧县博物馆藏

　　画面上部刻一龙，头生一角，引颈下探，曲身，长尾上卷，张口衔下方铺首顶尖，下部为铺首衔环，环下有交叉状的帛饰。采用阴线刻。

伏羲、女娲

Fuxi and Nuwa

东汉

女娲：横 38、纵 130 厘米

伏羲：横 38.5、纵 111.5、厚 27.5 厘米

1999 年萧县破阁 M61 出土

女娲：中室南壁左立柱正面

伏羲：中室南壁右立柱正面、侧面

萧县博物馆藏

左：画面正面上部刻一框，框内刻柿蒂花纹图案；下部刻女娲，半人半蛇，头梳三髻，蛇身披鳞，尾部弯曲。为浅浮雕。

右：画面正面上部刻一框，框内刻柿蒂花纹图案；下部刻伏羲，半人半蛇，头戴进贤冠，蛇身披鳞，尾部弯曲。侧面刻一龙，行走状，张嘴露齿、头生角、瘦长身、通身披鳞、长尾，爪有三趾。为浅浮雕。

女娲　　　　　　　　　　　伏羲

043

翼 虎

A Tiger with Wings

东汉
横 43、纵 131、厚 31 厘米
1999 年萧县破阁 M61 出土
中室北壁中立柱正、侧面
萧县博物馆藏

　　画面刻一翼虎，张口露齿、引颈前伸、肩生短翼、长尾后扬。侧面亦为一翼虎，形态相近。为浅浮雕。

力士·人物、翼虎

Strong Man, Figures; A Tiger with Wings

东汉
横 28.5、纵 121、厚 30 厘米
萧县破阁 M61 出土
中室南壁中立柱正、侧面
萧县博物馆藏

　　正面画面分上、下两格，上格刻一力士，呈马步姿势，有须，胸前可见双乳，双手举过头顶，双膝及脚踝可见饰带；下格刻一人，头戴网状武弁，着宽袖长袍，躬身右向而立。侧面刻一虎，张口露齿、肩背生翼、长尾，身披条纹。为浅浮雕。

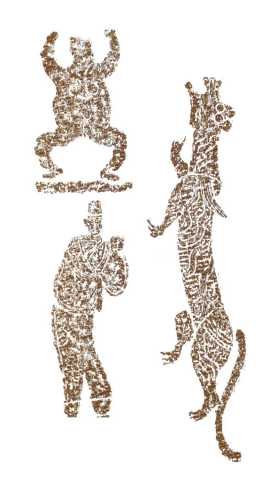

翼 龙

A Dragon with Wings

东汉
横 36、纵 136 厘米
1999 年萧县破阁 M61 出土
中室北壁右立柱
萧县博物馆藏

画面为一翼龙，头生双角、张口露齿、引颈、肩生羽翼、长尾后伸，通身披鳞。为浅浮雕。

龙虎争食
Dragon and Tiger Compete for Food

东汉

横 30.5、纵 131.5 厘米

1999 年萧县破阁 M61 出土

中室北壁左立柱侧面

萧县博物馆藏

　　画面下部为一虎，身有条纹，长尾扬起，向右张口咬住一鹿颈部，鹿有短尾，四蹄；右侧一龙，头生双角，张口引颈，通身披鳞，似与虎争食。为浅浮雕。

龙·羊

Dragon, Sheep

东汉
横 207、纵 45 厘米
1999 年萧县破阁 M61 出土
中室南壁门楣
萧县博物馆藏

　　画面左侧刻一龙，头生角、张口曲颈、长尾后伸，通身披鳞，爪有三趾，其右一小龙，返身仰首状，头生角、长尾，通身披鳞，爪有三趾，似与大龙嬉戏；最右侧一卧羊，回首状，头有角、曲颈、短尾。为剔地浅浮雕。

013

车马出行

Ride in Horse Drawn Carriages

东汉
横237、纵46、厚28厘米
1999年萧县破阁M61出土
中室西壁耳室门楣
萧县博物馆藏

画面刻车马出行，右行，中间为两辆单驾轺车，皆一御者控缰，一乘者戴冠于后方，前方两导骑，后方一从骑，头戴网状武弁。除第二导骑外，其余马尾皆束为球状。四周框内填水波纹。为浅浮雕。

014

跪拜 · 楼阙 · 抚琴

Bended Knees Paying Respect, Pavilion, Playing the Guqin

东汉

横 67、纵 129、厚 26 厘米

萧县破阁 M61 出土

中室西壁耳室左立柱

萧县博物馆藏

画分上、中、下三格，上格左侧一人，梳圆髻，另两髻支出，另一髻垂梢，袖手正面而坐，身前悬一环状物，其右一人，似戴冠，面左跪拜状。中格上部一凤鸟，头生羽冠，尾分四歧，双足立于屋顶，其下两侧各一阙，右阙顶立一羽人，跨步抬手戏凤；阙檐下可见三层结构，阙身饰波形纹；两阙间有一四坡顶建筑，正脊两端上翘，屋面瓦垄晰，檐下双柱，柱身饰波形纹；屋内一人，依凭几而坐。下格为二人乐舞，居左者双手扬起而舞，居右者蹲坐抚琴。为浅浮雕。

015

人物·楼阁·马
Figures, Pavilion, Horse

东汉
横 67、纵 129、厚 26 厘米
萧县破阁 M61 出土
中室东壁耳室右立柱
萧县博物馆藏

　　画面分上、中、下三格，上格二人对面而坐，皆
戴冠，居左者一手抬起，居右者肩披羽翼状物。中格
上部一凤鸟，头生羽冠，尾分四歧，双足立于屋顶；
下有一四坡顶建筑，正脊两端上翘，瓦垄清晰；檐下
二立柱，柱下有柱础；柱间二人相对而坐，居左者戴
进贤冠，居右者戴武弁，皆抬手，似交谈状。下格刻
二马，皆有鞍，抬前足左向而行，其中前马马尾束起。
为浅浮雕。

016

持笏门吏

Gatekeeper take a Ceremonial Tablet

东汉
横 41、纵 107、厚 31 厘米
萧县破阁 M88 出土
前室东壁右立柱内侧
萧县博物馆藏

画面刻一门吏，微屈膝躬身右向而立，头戴冠，浓眉有须，着及地长袍，腰间束带。为浅浮雕、阴线刻。

017

建鼓·车马出行、门吏

Geremonial Drum, Ride in Horse Drawn Carriages;
Figures

东汉

横 102、纵 109、厚 32 厘米

1999 年萧县破阁 M88 出土

前室东壁左立柱正、侧面

萧县博物馆藏

正面画面分上、下两格，上格中央一建鼓，鼓上有华盖及带状羽葆，两侧各一人，皆着短衣，曲膝持桴击鼓。下格为一辆单驾轺车向右而行，车内一乘者、一御者，左侧一人，面右而立，着裙及膝。上方框内填连弧纹。

侧面刻一人，低首躬身状，头戴帻，颔下有须，着及地长袍，一手持一尖端向上的毛笔状物。采用阴线刻。

018

铺首衔环

Animal Head Doorknockers with Rings

东汉
左门扉：横 52、纵 111、厚 8 厘米
右门扉：横 54、纵 110、厚 10 厘米
萧县王山窝 M23 出土
墓门门扉
萧县博物馆藏

　　画面皆分为上下两格，上格为璧帛相交纹；下格
为铺首衔双环。为浅浮雕。

019

狩　猎

Hunting

东汉
横 210、纵 41、厚 29 厘米
萧县王山窝 M24 出土
墓室门楣背面
萧县博物馆藏

　　画面居中一鹿，头生双角，四蹄腾空、短尾，左
向奔跑；其右一虎，张口扬尾；左端一人，蹲踞状，
持弩右向而射，似狩猎此鹿。为浅浮雕。

020

凤鸟、羽人·铺首衔环

Phoenix; Celestial Beings in Flight, Animal Head Doorknockers with Rings

东汉
左门扉横 58、纵 119、厚 9 厘米
右门扉横 54、纵 118、厚 9 厘米
萧县冯楼 M8 出土
墓门门扉
萧县博物馆藏

左门扉上部刻一凤鸟，头生五岐羽冠，尾分五岐，双翅张开，双足立于铺首顶端，下为铺首衔环。右门扉上部刻一羽人，散发，肩生羽翼，一手前伸，双足立于铺首顶端，下为铺首衔环。外框内填水波纹。为浅浮雕。

力士・门吏

Strong Man, Gatekeeper

东汉
横27、纵108、厚28厘米
萧县冯楼汉墓出土
萧县博物馆藏

画面上部一力士，呈跨步姿势，着短衣，一手抬起、一手叉腰；下部一门吏，拱手躬身面右而立，头戴冠，着宽袖长袍。为剔地浅浮雕。

悬剑门吏

Gatekeeper Wear a Sword

东汉

横 34、纵 108、厚 27 厘米

萧县冯楼汉墓出土

萧县博物馆藏

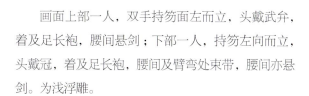

　　画面上部一人，双手持笏面左而立，头戴武弁，着及足长袍，腰间悬剑；下部一人，持笏左向而立，头戴冠，着及足长袍，腰间及臂弯处束带，腰间亦悬剑。为浅浮雕。

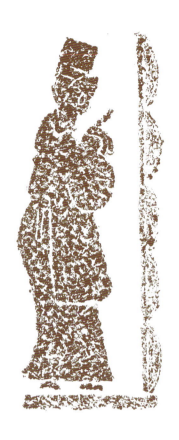

023

持笏门吏

Gatekeeper Take a Ceremonial Tablet

东汉
横 49、纵 106 厘米
萧县白娄子汉墓出土
萧县博物馆藏

画面刻一门吏，拱手持笏，低首躬身面右而立，头戴武弁，宽袖、着及足长袍，腰前膝上有一长方形物似围裙，腰间挂一书刀。右侧框外饰连弧纹。为浅浮雕。

持笏门吏
Gatekeeper Take a Ceremonial Tablet
东汉
横 48、纵 106 厘米
萧县白娄子汉墓出土
萧县博物馆藏

　　画面刻一门吏，拱手持笏，低首躬身面左而立，头戴武弁，宽袖、着及足长袍，腰前膝上有一长方形物似围裙。左侧框外饰连弧纹。为浅浮雕。

025

楼 阙

Pavilion

东汉
横 53、纵 106 厘米
萧县白娄子汉墓出土
萧县博物馆藏

画面上部刻一对阙，阙间立一人，头戴巾帻，着宽袖长袍，手执彗左向而立。画面下部一四坡顶建筑，正脊平直，竖向瓦垄；檐下左右各一立柱，两柱间停一辎车。框外有连弧纹。为浅浮雕。

此图为浅浮雕及透雕窗石。窗口上方为一虎，张口露齿，返身回首，三足、长尾。窗口上部有二道横棂，中间穿插一立棂，下部为四道棂，棂间各有三个小孔。窗下为一铺首衔环。为浅浮雕。

虎·铺首衔环
Tiger, Animal Head Doorknockers with Rings

东汉
横 89、纵 119、厚 27 厘米
萧县白土镇出土
萧县博物馆藏

027

龙·虎

Dragon, Tiger

东汉

横 216、纵 46、厚 28 厘米

2003 年萧县圣泉乡圣村 M1 出土

甬道门楣正面

萧县博物馆藏

　　画面左侧为翼虎，肩生双翼，张口露齿，双目圆睁，身披虎纹，四爪皆三趾，长尾，向右而行；中间一柿蒂纹图案，中央圆形突出画面；右侧为翼龙，头生角，肩生双翼，通身披鳞，四爪皆三趾，张口露齿，长尾后伸上卷，向左而行。上部框内饰锯齿纹，下部框内饰水波纹。为浅浮雕。

028

椎 牛
A Man Killing a Cow with a Hammer

东汉
横 171、纵 41、厚 12 厘米
2003 年萧县圣泉乡圣村 M1 出土
甬道门额
萧县博物馆藏

画面居中刻一牛，头生角、张口吐舌、四蹄腾空，向左奔冲，其后一人，头戴巾帻，身着短衣，一手执牛尾，一手执一尖锥状物，双臂伸展；牛左侧一人，一手持锤，一手持锥状物，跨步向前。为浅浮雕。

龙·虎·羽人

Dragon, Tiger, Celestial Beings in Flight

东汉

横 174、纵 100、厚 10 厘米

2003 年萧县圣泉乡圣村 M1 出土

前室北壁门额

萧县博物馆藏

　　半圆形构图，左侧刻一龙，有角、圆目张嘴，通身披鳞，长尾上扬，右向而立，龙背立一羽人、散发、肩背生羽；右刻一虎，张口露齿、双目圆瞪，虎身刻条纹，长尾上卷，虎背上亦立一羽人。为浅浮雕。

日月·秣马·人物、神人·铺首

Sun and Moon, Feed the Horses, Figures; God, Animal Head Doorknockers with Rings

东汉

横 246、纵 47、厚 29 厘米

2003 年萧县圣泉乡圣村 M1 出土

前室北壁门楣正、背面

萧县博物馆藏

正面居中刻一神人，戴网状武弁，戴网状武弁、浓眉圆目、有须，着短衣，可见双乳及肚脐，双臂及双腿皆有束带，呈马步姿势，双手各衔握一半人半蛇神，蛇尾皆缠绕其腿部；左右两端各有一铺首，皆圆目、有角，两鬓生毛，双前爪支撑于地。为浅浮雕。

背面可分五栏，居中为一柿蒂纹图案，中央圆形突出画面，其左侧一栏为秣马图，左侧一大树，树下刻一鸡，树左方立一人，向右而立，树右侧栓一马及一料斗，马后背上方刻一鸟首；右侧一栏残缺，可见二人跽坐于榻上，其中右侧一人头戴武弁、着长袍，中间置一樽及两圆盘，最右侧立一侍从。左端一栏为日轮，轮外四个心形纹饰连接方框四角，轮内为一三足鸟。右端一栏为月轮，轮外四个三叶形纹饰连接方框四角，轮内上部一玉兔捣药，下有一蟾蜍。采用浅浮雕。

031

翼 虎

A Tiger with Wings

东汉

横 36、纵 106、厚 29 厘米

2003 年萧县圣泉乡圣村 M1 出土

前室北壁左门柱正、侧面

宿州市博物馆藏

　　正面刻一虎，张口露齿，背生双翼，长曲尾，作奔跑状。侧面刻菱形纹。为浅浮雕。

032

楼阁·人物·骑羊

Pavilion, Figures, Riding Sheep

东汉

横 79、纵 109、厚 28.5 厘米

2003 年萧县圣泉乡圣村 M1 出土

前室北壁右门柱正面

萧县博物馆藏

　　画面为一双层四坡顶建筑，两端上翘，瓦垄清晰；垂脊上左侧一鹗、右侧一鸟。檐下上层有双柱，柱头、柱础皆为双层阶梯造型，柱间一男一女跽坐于垫上，二人皆着宽袖、长袍，左侧男子头戴冠，二人之间可见一耳杯；左侧柱外一侍者，手捧樽右向躬身而立；右侧柱外一人，肩负一网纹背囊面左躬身而立。下层亦为双柱，柱头为一斗二升栾拱结构；两柱间一羊，角弯曲、圆目、短须、短尾，左向站立，羊上立一人，头戴巾帻，着短衣短裤，一手持鞭，一手控缰于羊首；左侧柱外一鸟，环眼尖喙，眼甚大，几乎占满头部；右侧柱外一斜梯。为浅浮雕。

翼龙、门吏

A Tiger with Wings, Gatekeeper

东汉

横 31、纵 105、厚 31 厘米

2003 年萧县圣泉乡圣村 M1 出土

东耳室左立柱正、侧面

宿州市博物馆藏

正面上部刻一神兽首，两角弯曲，两足内收；下部刻一门吏，面右而立，头戴巾泽，着过膝长袍，手执彗。侧面刻一龙，头生角，背生双翼，长尾，通体披鳞。为浅浮雕。

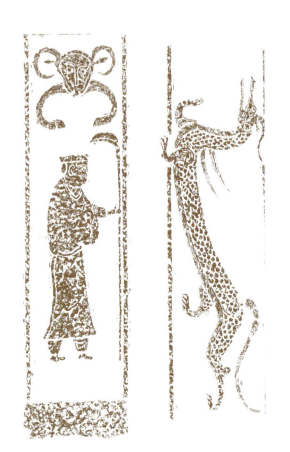

武士·骑羊
Warriors, Riding Sheep

东汉
横 48、纵 106、厚 25 厘米
2003 年萧县圣泉乡圣村 M1 出土
东耳室右立柱正面
萧县博物馆藏

　　画面上方一武士，头梳双髻、有须，着短衣短裤，可见双乳肚脐，腰间束带，赤足，一手持环首刀，一手持勾镶，跨步左向呈奔跑状，其下一飞鸟，下端一人，头戴尖帽，双手控缰骑羊，羊角内弯、颔下有须、背有鞍、短尾。为浅浮雕。

车马出行

Ride in Horse Drawn Carriages

东汉
横 246、纵 47、厚 29 厘米
2003 年萧县圣泉乡圣村 M1 出土
东耳室门楣
萧县博物馆藏

　　画面居中刻一单驾轺车，一御者戴进贤冠控缰、一乘者戴武弁坐于后，前方一导骑，后方一从骑。导骑前方有两人，居上者脱进贤冠，下者脱武弁，手持笏兔冠伏地而拜，最左侧一站立状人物拱手相迎。外框填连弧纹、菱形纹。为浅浮雕。

036

乐舞百戏

Theatricals and Variety Shows

东汉
横 180、纵 46、厚 29 厘米
2003 年萧县圣泉乡圣村 M1 出土
西耳室门楣
萧县博物馆藏

画面为乐舞百戏,共刻八人。画面居中刻建鼓舞,鼓上有华盖,两侧有羽葆,羽葆尾端各坠一物下分双歧,似为铃,建鼓下有羊形鼓趺;鼓两侧各一人,皆头戴武弁,执桴,跨步击鼓。左侧刻跽坐状三人,皆头戴冠,吹奏排箫、笛、笙等乐器。右侧刻三人,一人表演跳丸,一人倒立杂耍,右端一人左向跽坐,手持一圆型物。外框饰连弧纹、水波纹。为浅浮雕。

东王公·六博·西王母、羽人

Dongwanggong, Chess Playing, Xiwangmu;
Celestial Beings in Flight

东汉
横 245、纵 45、厚 29 厘米
2003 年萧县圣泉乡圣村 M1 出土
前室南壁（后室）门楣正、背面
萧县博物馆藏

正面画面分五栏，画面中栏为六博图像，六博盘居中，上部有一樽，樽内一勺，两侧各有一圆盘，盘上个有一耳杯，下部有一案，案上可见算畴，案两侧各有一人对博，身后各有两人拱手观坐，其中右侧三人坐于一榻上。左、右两栏为柿蒂纹，中央圆形突出画面。左端一栏刻东王公，头戴冠，肩生羽翼，正面而坐于山形物上（有学者认为是昆仑山），其右一羽人，面左而跪，手前伸呈一方形物。右端一栏刻西王母，头戴胜，肩生羽翼，正面而坐于山形物上，其右一人，梳圆髻垂梢，面右而跪，手前伸呈一方形物。外框饰连弧纹、水波纹。画面为浅浮雕，柿蒂纹中部为高浮雕。

背面居中刻一羽人，正面而立，头梳三髻，肩、背部皆有长翼，着长裙及地；左、右两侧各有一凤鸟，皆头生二歧羽冠，尾部长羽分三歧，口衔连珠，其中右侧凤鸟尾下有一只飞鸟；左、右两端各有一翼龙，皆返身回首状、张口、长尾。为浅浮雕。

038

伏羲、女娲
Fuxi and Nuwa

东汉
女娲：横 48、纵 106、厚 28 厘米
伏羲：横 34、纵 106、厚 26 厘米
2003 年萧县圣泉乡圣村 M1 出土
女娲：前室南壁左立柱正、侧面
伏羲：前室南壁右立柱正、侧面
宿州市博物馆藏

女娲

女娲：人身龙尾，梳圆髻垂梢，束腰，拱手正面而立，衣摆下可见龙脚，龙尾弯曲，披鳞。右侧边框填水波纹。侧面刻璧帛相交。为浅浮雕。

伏羲：人身龙尾，头戴进贤冠，束腰，拱手正面而立，衣摆下可见龙脚，龙尾弯曲，披鳞。左侧边框填水波纹。侧面刻璧帛相交。为浅浮雕。

伏羲

039

常青树、门吏四面雕

Evergreen Trees, Gatekeeper

东汉

横 28.5 ~ 29.5、纵 106 厘米

2003 年萧县圣泉乡圣村 M1 出土

墓室南壁中间立柱四面

萧县博物馆藏

正面刻一常青树，树顶一鸟右向而立，树左侧一猴，攀树冠而上，树右侧及画框左上皆可见一鸟首，树干下部两侧另各有一鸟上行，树下有三层阶状台基。背面刻一门吏，头戴进贤冠，双目圆瞪、有须，着及足长袍，左向拱手躬身而立，画面左右上角各一环眼鸟首相对。西面居中刻一树，树干弯曲，右侧一猴，攀树而上，树梢上部立有一鸟，画面左右上角及树干左侧各有一环眼鸟首。东面刻璧帛相交图案。均为浅浮雕。

羲和捧日、羽人·神树·鹿

Xihe Holding up the Sun; Celestial Beings in Flight,
The Sacred Tree, Deer

东汉
横 31、纵 105、厚 31 厘米
2003 年萧县圣泉乡圣村 M1 出土
西耳室左立柱正、侧面
萧县博物馆藏

　　正面刻一神怪，人首蛇躯，通身披鳞，有爪，上
肢托举一日轮，轮内刻三足乌，下方竖刻一飞鸟。右
框内饰水波纹。侧面中间刻一树，树枝卷曲，树枝间
有三鸟；树顶一羽人，长发，肩生羽翼，坐于树梢上；
树下一鹿，双长角，收颈，身披点状纹，左向而立。
为浅浮雕。

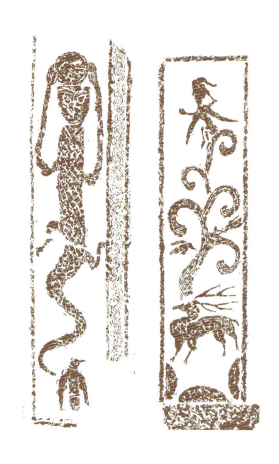

凤鸟·骆驼·驯象

Phoenix, Camel, Elephant Training

东汉
横 42、纵 106、厚 26 厘米
2003 年萧县圣泉乡圣村 M1 出土
西耳室右门柱正面
萧县博物馆藏

　　上刻一凤鸟，左向而立，回首张望，头生羽冠、张翅、尾有长羽，足下一游鱼，其左侧竖刻一飞鸟；画面中间刻一骆驼，曲颈，背部可见双峰，左向而立；下部刻一人骑象，骑象者散发，坐于象背，一手向前持一长状物，前端有回钩，似驯象，象长鼻、瘦身、短尾，通身披鳞羽状纹饰。为浅浮雕。

042

楼阙宴饮·凤鸟

Feasts in Building, Phoenix

东汉

横 218、纵 95、厚 11 厘米

2003 年萧县圣泉乡圣村 M1 出土

后室后壁石上层

萧县博物馆藏

画面构图呈半圆形，中间刻一四坡顶厅堂式建筑，屋脊长直，两端上翘，屋面瓦垄清晰；上有羽人戏凤，其中左侧羽人半跪状、肩生羽翼、散发，手持一圆形物；右一凤鸟，头生羽冠，尾分九歧，双翅展开，立于屋脊上；垂脊两侧各有一鸮。檐下双柱，柱头为一斗二升栾拱结构，柱身填刻涡形纹；屋内二人对坐，左者为女性，头戴巾帻，体量稍小，右者戴进贤冠，为男性，二人皆正面跽坐状，二者间有一樽、二耳杯；居左者身后一人正面直立于其衣摆上方；居右者右侧一侍者拱手左向而跪。柱外各有一门吏，皆头戴武弁、手持棨戟，面中而立。厅堂式建筑左右两侧各设一双层阙，阙身填刻菱形纹，檐下呈内收斗型，阙身与檐下斗形结构间可见矩形垫层，内饰三层圆点纹；阙身下有双层阶梯状台基。两阙外侧各有一力士，皆头戴巾帻、浓眉环眼、有须，着短衣、短裤，可见双乳，腰间束带，赤足，一手叉腰，一手上托，呈跨步姿势，其中右阙外力士双脚呈鸟爪状。外框饰锯齿纹。为浅浮雕。

043

神　兽

Auspicious Beasts

东汉

横 208、纵 52、厚 14 厘米

2003 年萧县圣泉乡圣村 M1 出土

后室后壁石中层

宿州市博物馆藏

画面中部刻一熊，回首状，通身饰圆点纹；其右侧一虎，张口露齿、有须，肩背生翼，长尾后扬；熊左侧一兽，张口低首，长尾后扬，通身有毛，下方有两鸟，低首右行；熊上方有一神怪，二人首共一兽身，皆戴武弁，有须，其左侧一只人首鸟身怪，头戴山形冠，其右侧一只人首鸟身怪，戴进贤冠。画面左上刻一人首立于一案上，戴山形冠。画面右上刻一鸟，左向。为浅浮雕。

044

墓 门

Tomb Gate

东汉

门楣横 192、纵 42、厚 32 厘米

门扉单扇横 46、纵 96、厚 9 厘米

萧县陈沟 M58 出土

萧县博物馆藏

左、右门扉刻铺首衔环，环下皆有一鱼，外框刻
连弧纹。门楣、两侧立柱刻菱形纹、水波纹、连弧纹。
为浅浮雕。

045

二龙穿三璧·铺首

Two Dragons Acrossing Three Jades, Animal Head

东汉
横 247、纵 43、厚 40 厘米
萧县陈沟汉墓出土
前室门楣
萧县博物馆藏

　　画面中间为二龙穿三璧，长角、圆目、张口露齿、通身披鳞、卷尾，返身回首状。两端各有一铺首，皆张口露齿、双目圆瞪，伸前足支撑于地，其中右侧铺首刻较多细鬃毛。为浅浮雕、阴线刻。

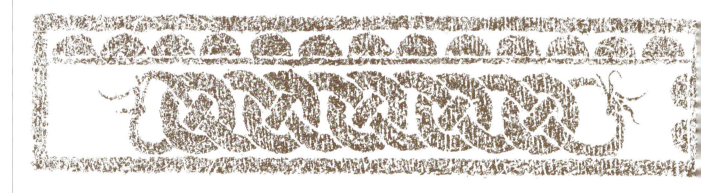

046

二龙穿五璧
Two Dragons Acrossing Five Jades
东汉
横 169、纵 42、厚 29 厘米
萧县陈沟汉墓出土
宿州市博物馆藏

画面刻二龙穿五璧，二龙皆张口回首，互衔其尾。
上部饰连弧纹。为浅浮雕。

047

凤鸟·铺首衔环

Phoenix, Animal Head Doorknockers with Rings

东汉
单扇横 52、纵 100 厘米
萧县陈沟 M56 出土
墓门门扉
萧县博物馆藏

　　两门扉皆上刻凤鸟，头生羽冠、双翅张开、尾分四歧，双足踏于铺首顶部，下为铺首衔环。外框饰水波纹、连弧纹。为浅浮雕。

048

伏羲

Fuxi

东汉
横 31、纵 101、厚 26 厘米
萧县陈沟 M56 出土
墓门右立柱
萧县博物馆藏

　　画面刻伏羲，半人半蛇，头戴帽，左右各有一垂
梢，着袍拱手正面而立，下部为蛇身，披鳞，尾端弯卷。
为浅浮雕。

049

妇人、龙

Women; Dragon

东汉

横 31、纵 112、厚 37 厘米

萧县陈沟 M56 出土

前室西壁左立柱正、侧面

萧县博物馆藏

　　正面刻上、下两位妇人，皆梳圆髻垂稍，着及地长袍，拱手正面而立。侧面刻一龙，头生角、张嘴、双目圆瞪、卷尾、通身披鳞。为浅浮雕。

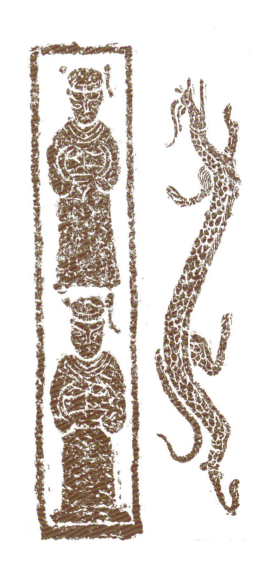

050

伏羲·女娲、妇人

Fuxi, Nvwa; Women

东汉
横 59、纵 111.5、厚 37 厘米
萧县陈沟汉墓出土
前室东壁左立柱正面、侧面
萧县博物馆藏

正面刻伏羲、女娲，居左者为伏羲，头戴冠、高
鼻深目、有胡须，一手抬起，肘下一弧形物，下部为
蛇身，卷尾，右向而立；居右者为女娲，梳圆髻垂梢，
正面拱手而立，下为蛇身，卷尾。侧面为一女性人物，
正面拱手而立，头梳圆髻垂梢，长袍及地。为浅浮雕。

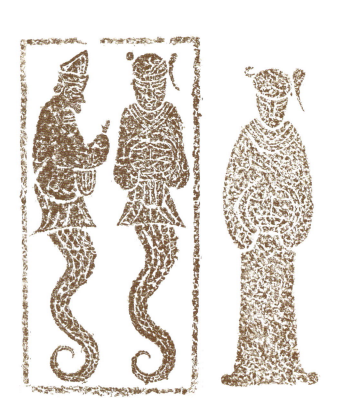

051

车马出行

Ride in Horse Drawn Carriages

东汉
横 204、纵 41、厚 30 厘米
萧县陈沟汉墓出土
甬道北壁上层
萧县博物馆藏

　　画面为车马出行，向左行，共三车，前方为单驾
马车，一乘者，一御者，后两辆为单驾辎车，车有屏障，
仅可见一御者，后随一从骑。画面左端一人，头戴武
弁，躬身持笏相迎；右端一人持笏躬身相送。下方框
内填水波纹。为浅浮雕、阴线刻。

052

日月·人物·神怪

Sun and Moon, Figures, Monster

东汉
横 180、纵 42.5、厚 34 厘米
萧县陈沟汉墓出土
前室南耳室门楣
萧县博物馆藏

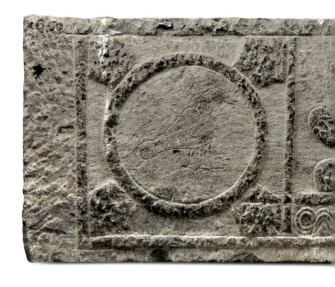

　　画面分三栏，中栏居中一人，梳圆髻，拱手正面
而坐，其左侧为兽形怪，兽首、头有角、肩生翼，拱
手左向跽坐，右侧为一鸟形怪，短喙、圆目、肩生翼，
拱手右向跽坐。左栏为一日轮，轮外有四个五边纹饰
连接边框四角，轮内阴线刻一三足乌，右向站立状。
右栏为一月轮，轮外有四个五边纹饰连接边框四角，
轮内一蟾蜍、一玉兔捣药。中栏下部框内填水波纹。
为浅浮雕、阴线刻。

神　兽

Auspicious Beasts

东汉
横 180、纵 44、厚 35 厘米
萧县陈沟汉墓出土
前室北耳室门楣
萧县博物馆藏

　　刻三兽左行，左侧一兽回首状，张口、双圆目、曲颈、肩股有翼、长尾，身上有圆点纹；中部一兽，半立回首状，长嘴、双圆目、短颈、短尾，身上亦有圆点纹；右侧为一虎，张口露齿、双目圆瞪、肩生双翼、长尾，身刻条形纹，似咆哮状。为浅浮雕。

054

羽人·神兽·鸟

Celestial Beings in Flight, Auspicious Beasts, Bird

东汉
横 203、纵 42 厘米
萧县陈沟汉墓出土
甬道门楣
萧县博物馆藏

　　画面居中一人，面右站立，散发、短裙、双臂前后张开，其右侧一只面左站立的鸟，圆目、翅微张，左侧一站立状麒麟，圆目、头生角、曲尾，人物双手置于麒麟及鸟首前；画面最左侧一羽人面右踞坐，长发、肩背有翼，手持一短棒，顶有丸。画面下部框内填连弧纹。为浅浮雕。

六博·乐舞百戏
Chessboard, Theatricals and Variety Shows

东汉
横 270、纵 43 厘米
萧县陈沟汉墓出土
前室东壁门楣
萧县博物馆藏

　　画面左侧刻二人六博对弈，二人皆戴进贤冠，有
须，着长袍，中为一案，案上可见六箸，此案上部可
见一六博盘；画面中间为乐舞百戏，居左者着短衣，
仰头曲膝单腿跪地，表演跳丸，其右三人皆戴进贤冠，
踞坐状，分别吹奏笙、笛、排箫；画面右端四人，左
二人皆戴进贤冠，着及足长袍，双手托盘，右向而立，
右端二人皆有须、着及足长袍，相对而立，其中右者
一手伸出衣袖。为浅浮雕。

056

人首兽身

A God with Human Head and Animal Body

东汉
横 60.5、纵 98、厚 27 厘米
萧县陈沟汉墓出土
甬道北壁下层左石
萧县博物馆藏

　　画面左侧为波形曲线，似为表现山峦，右侧为两只人首兽身怪，居左者似雌性，居右者似为雄性，头戴冠，兽身皆有斑纹，细长尾，左向而立。为浅浮雕。

云气纹
Cloud Pattern

东汉
左立柱横 33、纵 117、厚 26 厘米
右立柱横 28、纵 115、厚 26 厘米
萧县陈沟汉墓出土
甬道左、右立柱
萧县博物馆藏

刻云气纹，为浅浮雕。

058

执戟门吏

Gatekeeper Take a Halberd

东汉
横 51、纵 96、厚 31 厘米
萧县陈沟汉墓出土
甬道南壁下层右石
萧县博物馆藏

画面一门吏，右向躬身而立，手持棨戟，头戴尖
帽、高鼻深目，着过膝长袍，左衽，下身着裤。为浅
浮雕。

正面刻一门吏，面左而立，头戴进贤冠，有胡须，着过膝长袍，一手抬起，似持笏。侧面竖刻虎面龙身兽，双圆目、两短耳、有须，四爪锋利，通身披鳞，长尾内卷。为浅浮雕。

门吏、虎面龙身

Gatekeeper; A Animal with Tiger Faced and Dragon Body

东汉
横 48.5、纵 112、厚 18 厘米
萧县陈沟汉墓出土
前室西壁右立柱正、侧面
萧县博物馆藏

060

力士、门吏

Strong Man; Gatekeeper
东汉
横 43、纵 112、厚 36 厘米
萧县陈沟汉墓出土
前室北耳室右立柱正、侧面
萧县博物馆藏

　　正面画面为二力士图像，皆呈跨步姿势，上部力士歪首、头戴巾帻、浓眉环眼、有须，着短衣短裤，可见双乳，腰间束带，赤足，一手叉腰，一手上托；下部力士头顶梳双髻，亦浓眉环眼，有须，衣着与上方力士相同，一手扶膝，一手高举。侧面刻一门吏，面右而立，头戴进贤冠，宽袖、长袍及地。侧面刻一站立状门吏。为浅浮雕。

大 禹

Dayu

东汉
横 39.5、纵 108、厚 30 厘米
萧县陈沟汉墓出土
前室北耳室左立柱正面
萧县博物馆藏

　　画面刻一人，正面站立状，头戴月牙形冠或为斗笠，身着及足长袍，圆领，胸前有二圆形物，腰间有束带，双手于身前扶一耒，似为大禹形象。为浅浮雕。

062

鹮鸟衔鱼

A Crane Holding a Fish

东汉
横 52.5、纵 99、厚 28 厘米
萧县陈沟汉墓出土
甬道北壁下层中石
萧县博物馆藏

画面刻一鹮鸟，头生羽冠，细长喙、长颈、细长腿，一足抬起，喙衔一鱼。为浅浮雕。

朱 雀

Vermilion Bird

东汉
横 92、纵 96、厚 20 厘米
萧县陈沟汉墓出土
甬道南壁下层中石
宿州市博物馆藏

画面刻一朱雀，头有双羽冠，尾分九岐，左向站
立状。外框饰水波纹。为浅浮雕。

羽人·执彗门吏

Celestial Beings in Flight, Figures Holding Brooms

东汉

横 47、纵 109、厚 30.5 厘米

萧县丁里镇孙小林子出土

萧县博物馆藏

　　画面分上、下两格。上格刻一坐状羽人，似戴冠，圆目、肩生双羽，下格上方刻两妇人，皆头梳三髻，着及地长袍，下部一门吏，一手执彗右向而立，头戴巾帻，着及地长袍。外框饰涡形纹、连弧纹。为浅浮雕。

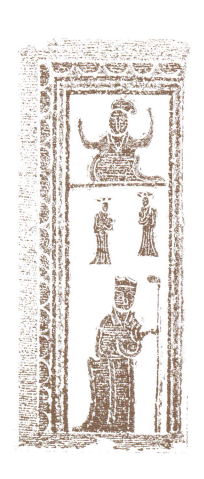

065

龙虎争斗

Dragon and Tiger Fighting Each Other

东汉

横 47.5、纵 109、厚 28 厘米

萧县丁里镇孙小林子出土

萧县博物馆藏

　　画面上部为一翼虎，张口露齿，肩生羽翼，四肢伸展，长尾上扬。下部刻一翼龙，头生双角，通身披鳞，张口露齿，四肢伸展，长尾后扬，与翼虎争斗。外框饰连弧纹、涡形纹。为浅浮雕。

066

龙虎相行

Dragon and Tiger Walking Together

东晋

横 49、纵 123 厘米

萧县丁里镇孙小林子出土

萧县博物馆藏

　　画面上方为一翼虎，张口露齿、引颈伸前爪、肩
生羽翼、长尾，下方为一翼龙，头生双角，张口似衔
翼虎一后足，肩生翼、一足前伸、长尾。为浅浮雕。

画面中央为一株芝草，左右两侧皆有一卧鹿，其中左鹿低首探前足，似雌鹿；右侧鹿目视前方，头生双角，为雄鹿。为浅浮雕。

067

双 鹿
A Pair of Deer

东晋
横 195、纵 34.5、厚 27 厘米
萧县丁里镇孙小林子出土
萧县博物馆藏

神 兽

Auspicious Beasts

东汉
横 170、纵 50、厚 32 厘米
萧县丁里镇孙小林子出土
萧县博物馆藏

　　画面左端为一鸟首兽身怪兽，倒立状，头生羽冠、长尾后伸；其右为一三首虎身兽，肩生羽翼，身披虎纹，长尾后扬，面左而奔；其右一兽，尖吻双耳、肩生羽翼、长尾后伸，引颈探前足，返身倒立状；其右一豹形兽，肩生羽翼，身披点纹，长尾后伸，前肢上方有一飞鸟；其右一熊，张口吐舌，一前爪按一鸟，一前爪平伸向后，返身回首而立状；右端二兽，肩皆有翼，相互嬉戏状。为浅浮雕。

乐舞百戏

Theatricals and Variety Shows

东汉

横 169、纵 51、厚 33 厘米

萧县丁里镇孙小林子出土

萧县博物馆藏

画面中部刻乐舞百戏，左侧一人，着短衣，表演
飞剑，其右一人，怀抱一物而立；再右一人，头梳三髻，
着长袍，双手张开，似表演巾舞，其右一人着短衣，
呈跨步姿势，表演跳丸；再右一人双手按一鼓倒立，
其右一人着长袍跽坐，双手持桴，左向击鼓，其身后
似一猴。画面两端各有三人，为观者，皆坐状，上有
连续弧线，应为垂幔，左端三人，似为女性，最左者
手持一圆形物，似扇；右端三人似为男性，皆头戴冠、
着长袍。为浅浮雕。

第二章

埇桥篇

伏羲·女娲

Fuxi and Nvwa

东汉
横 100、纵 55 厘米
1956 年宿州褚兰 M1 出土
前室藻井顶部
现原址保护

画面中心为一圆圈，内刻一朵莲花。圈外为伏羲、女娲，皆人首龙身，龙身刻满鳞片，伏羲戴冠，女娲梳髻簪饰，皆宽衣长袖，扬臂，束腰。为浅浮雕。

071

拜 谒

Figures Paying Respect

东汉
横 239、纵 46.5 厘米
1956 年宿州褚兰 M1 出土
前室东壁门楣
现原址保护

画面左侧刻一座庑殿式房屋，屋脊两端上翘，两侧垂脊个有一凤鸟，口衔一长形物。屋内两人物相对跽坐状，中间上部置樽、耳杯，屋外有站立状侍从。右侧有拜谒者二十八人，其中中间一人手持两端有勾的长条形物向右而立，其余人物皆双手持笏微躬身向左而立。人物下部饰菱形纹。外框下部饰菱形纹，其余三侧饰水波纹。为浅浮雕。

072

舞 蹈
Dancing

东汉
横 332、纵 46.5 厘米
1956 年宿州褚兰 M1 出土
前室南壁门楣
现原址保护

画面右端刻一座庑殿式房屋，屋脊两端上翘，两侧垂脊上各有一只振翅的凤鸟，屋内一女子手持便面依案而坐，一侧似为一踞坐状侍女进行服侍，侍女两侧各置一杯形器具。房外有二十位舞女一列横排，皆梳髻簪饰，宽袖长裙，舞女分为两组，其中左边十人为一组，有七人执鞞，表演鞞舞；右边十人为另一组，表演长袖舞。整个画面富有动感。人物下格饰菱形纹。画面上方饰水波纹。为浅浮雕。

车马出行·神兽

Ride in Horse Drawn Carriages, Auspicious Beasts

东汉
横 160、纵 47.5 厘米
1956 年宿州褚兰 M1 出土
前室南壁额枋
现原址保护

　　画面右上角有残缺。画面分上、下两格。上格刻画车马出行，最左侧有一戴武冠者站立拱手相迎，一骑者前导，后方有轺车三辆，其中最前方轺车为双驾，二、三辆为单驾，车内皆一乘者、一御者。下格刻画一组神兽，最左侧为一只玄武，其右侧两只神兽躬身、低首作争斗状，两兽之间有一只飞鸟，最右侧为一虎、一龙，作匍匐前行状，肩皆有翼，龙身满刻鳞片。上格外框饰水波纹。为浅浮雕。

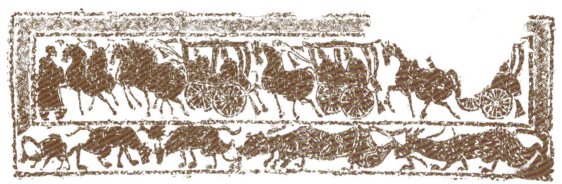

074

车马出行·神兽
Ride in Horse Drawn Carriages, Auspicious Beasts

东汉
横 164、纵 46.5 厘米
1956 年宿州褚兰 M1 出土
前室北壁门楣
现原址保护

　　画面分上、下两格。上格刻画车马出行图，最左侧有一戴武冠者俯首持笏相迎。骑者执小旗前导，首车为一辆双驾轺车，其后为两辆单架轺车。车内皆一乘者、一御者。马皆彩头结尾，缰上彩带飘摇。下格自左至右刻画两神兽、鸟、虎、龙尾随而行，皆俯首匍匐前行状。上部外框填水波纹。为浅浮雕。

075

舞蹈·拜谒
Dancing, Figures Paying Respect

东汉
横 62、纵 103 厘米
1956 年宿州褚兰 M1 出土
前室东壁南端
现原址保护

上部透雕直棂方窗。窗下画面分两格。上格刻五位女子，皆侧身向左，宽袖长裙，束腰，手持鞞，似作舞状。下格刻五位男子，皆冠服，侧身向左，双手持笏。外框饰卷云纹、水波纹。为浅浮雕。

076

房居宴饮·拜谒

Feasts in Building, Figures Paying Respect

东汉
横 55、纵 103 厘米
1956 年宿州褚兰 M1 出土
前室东壁北端
现原址保护

上半部透雕直棂方窗，窗棂残断。下部画面分两格。上格刻一座庑殿式房屋，屋脊两端上翘，两侧垂脊上各有一凤鸟，俯首振翅，口衔一物。屋内两人物相对跽坐似交谈状，中间置一樽一耳杯，屋外两侧各有一人物，皆跽坐状，双手持笏。下格为五个向左双手持笏的站立状人物。外框卷云纹、水波纹。为浅浮雕。

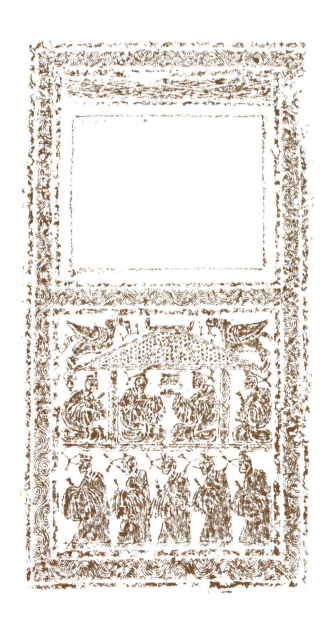

马·铺首衔环

Horse, Animal Head Doorknockers with Rings

东汉
横 44、纵 103 厘米
1956 年宿州褚兰 M1 出土
前室东壁正中
现原址保护

分上、下两格。画面右上残缺。上格上部刻两只相对而立的马，左侧马上部有一只飞鸟，口衔一物，下部为两个并列的铺首衔环，铺首竖目，鼻子长直，尖嘴缩腮，锯齿衔环，有四肢和利爪。下格分两框，框内两对角线分四部分，内填充斜线纹。上下两格之间饰卷云纹，外框饰一周水波纹。为浅浮雕。

分上、中、下三格。上格刻三人拱手跽坐状，外侧人物皆躬身状，人物中间有一耳杯、一竖杯。中格刻两站立人物，皆拱手向左呈躬身状，左侧人物前方一戟，右侧人物手持笏。下格竖刻龙、虎，皆呈缓走状，左侧为龙，头生双角、短耳、长须、长瘦身、长尾，右侧为虎，张口露齿、短耳、长须、长尾。外框有一周水波纹。为浅浮雕。

人物·门吏·神兽
Figures, Gatekeeper, Auspicious Beasts

东汉
横 38、纵 103 厘米
1956 年宿州褚兰 M1 出土
前室西壁正中
现原址保护

079

对饮·铺首衔环·神兽

Two People Drinking Together, Animal Head Doorknockers with Rings, Auspicious Beasts

东汉
画像横 34、纵 103 厘米
1956 年宿州褚兰 M1 出土
耳室西侧立柱
现原址保护

画面分上、中、下三格。上格为二人相对跽坐，中间置一樽、两耳杯，似饮酒状。中格为铺首衔环。下格左侧竖刻一龙，张口露齿、短角、有翼、长曲尾，身上刻满鳞片，右侧中部刻一只低首状神兽，上下各有一只飞鸟。外框饰卷云纹、水波纹。为浅浮雕。

对饮·铺首衔环·神兽

Two People drinking Together, Animal Head Doorknockers with Rings, Auspicious Beasts

东汉
画像横 34、纵 103 厘米
1956 年宿州褚兰 M1 出土
耳室东侧立柱
现原址保护

画面分上、中、下三格。上格两人物相对跽坐，中间上部有一樽及两耳杯，似对饮状。中格为铺首衔环。下格右侧刻画一翼虎，长颈、肩生短翼、长尾，缓走状，口衔一飞鸟，左侧刻画一飞鸟、狗。外框一周卷云纹。为浅浮雕。

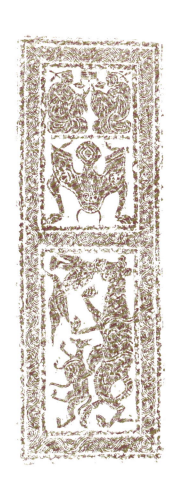

081

八鱼绕莲花·璧帛相交

Eight Fish Round the Lotus, Jades and Silks
Intersect

东汉
横 150、纵 108 厘米
1956 年宿州褚兰 M1 出土
南墓室后壁
现原址保护

画面分上、下两格。上格分左、中、右三部分。中间为莲花纹，外有八条鱼围绕，其中下侧及右侧两鱼相对，上侧及左侧两鱼首尾相随；左、右两部分画面相同，为数个璧帛相交图案。下格分六框，框内有两对角线分四部分，内填充斜线纹。外框饰一周水波纹。为浅浮雕。

082

人物宴饮·璧帛相交

Two People Drinking, Jades and Silks Intersect

东汉
横 150、纵 108 厘米
1956 年宿州褚兰 M1 出土
北墓室后壁
现原址保护

画面分上、下两格。上格分左、中、右三部分。中间刻一座庑殿式房屋，屋脊两端上翘，两侧垂脊上两只振翅的鸟，各衔一蛇，屋内两人相对跽坐状，中间置樽、耳杯，屋外两侧各有一拱手站立状侍从；左、右两部分画面相同，为数个璧帛相交图案。下格分六框，框内有两对角线分四部分，内填充斜线纹。外框饰一周水波纹。为浅浮雕。

朱雀·门吏·卧羊
Vermilion Bird, Gatekeeper, Lying Sheep

东汉
横 39、纵 105 厘米
1956 年宿州褚兰 M2 出土
前室北壁西侧
安徽博物院藏

　　画面分上、中、下三格。上格刻一站立状朱雀，
羽冠，昂首展翅，尾翼展开，喙衔星宿状联珠。中格
刻一躬身站立状门吏，戴武冠，着宽袖长衣，右手执
杖，左手执长方形物，似为名刺。下格刻一卧立状羊，
两角弯曲，肩生双翼，四肢蜷卧，短尾，其上有一植物，
似松树。外框饰一周卷云纹。为浅浮雕。

朱雀·门吏·卧羊

Vermilion Bird, Gatekeeper, Lying Sheep

东汉
横 35、纵 105 厘米
1956 年宿州褚兰 M2 出土
前室西壁
安徽博物院藏

画面分上、中、下三格。上格刻一朱雀，昂首振翅，尾翼展开。中格刻一站立状门吏，微躬身，戴武冠，着宽袖长衣，双手捧盾于胸前。下格刻一卧立状羊，两角弯曲、长须、肩生双翼，臀部立一振翅的飞鸟。外框饰卷云纹、水波纹。为浅浮雕。

人 物

Figures

东汉
横 70、纵 108 厘米
1956 年宿州褚兰 M2 出土
前室西壁
安徽博物院藏

画面自上至下分四格。第一格刻四人物席地而坐，居中者倚凭几，右手持便面，似与左侧手持便面者交谈，右侧两人物手持笏，前方上部置一提梁壶，最左侧一拱手站立状侍从。第二格，中间有三站立状人物，皆戴冠、宽袖长衣，前方两人物斜背一棒，左侧一人物跪向站立者，其后方刻一匹马，鞍鞯卸于一旁，马后方刻一只仅露颈、首的禽鸟。画面最右侧刻三个稍小人物。第三格刻五位跽坐状男子，左侧两人，右侧三人，皆头戴冠、宽袖长衣、手持便面，其中最右侧人物左手持似扇的圆形物。第四格刻五位站立状女子，皆梳发髻、宽袖长裙，左侧两位，前者袖下摆，后者袖上扬，右侧三人物，皆手持便面。外框饰一周卷云纹。为浅浮雕。

086

建宁四年画像石（拓片）
Portrait Stone of the 4th Year of JianNing

东汉
横 138、纵（残）84 厘米
1956 年宿州褚兰 M2 出土
石祠北壁
安徽博物院藏

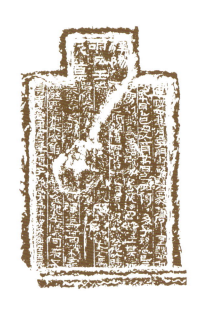

画面分四格。第一格残缺严重。第二格，中间刻两层房屋，两侧均有连阁、楼阙、屋，两层房屋正脊两端翘起，两侧垂脊上各有一凤鸟，两侧阁顶各有一站立的凤鸟，口衔连珠，尾岐宽大，两端屋顶饰神兽。二楼内有三人跽坐交谈，外有数位宾客或执笏或背棒，姿态恭谨；楼下有三女子纺织，左者坐络车旁，转篗调丝，右者在摇纬，中间刻一妇人坐于织机前。两端房屋内皆有二人对坐，中间置一樽，外有一侍从。第三格刻十八位人物，皆两两对坐，中间置樽或耳杯。第四格，正中刻墓志"辟阳胡元壬囗墓　建宁四年……"；左侧为乐舞百戏，中间刻建鼓，上承华盖，跗为伏兽，两侧各一人执桴击鼓，另有人物表演跳丸、抚琴、排箫、倒立、舞蹈等；右侧一人执曲柄华盖，后有执幢侍从，华盖下一人戴冠而立，长袍及地，似欲搀扶前方跪拜者。下框刻菱形纹。为浅浮雕。

087

车马出行
Ride in Horse Drawn Carriages

东汉
横 139、纵 24.5 厘米
1956 年宿州褚兰 M2 出土
石祠北壁墙基
安徽博物院藏

画面最左侧有一伍伯，左手执杖，右手持便面，其后一骑者前导，下方有两只禽鸟。后刻马车三辆，其中前两辆为三驾轩车，轩车辕上龙首高昂，最后一辆为双驾轺车，每车一御者、一乘者。为浅浮雕。

东王公·人物·炊事

Dongwanggong, Figures, Cooking

东汉

横 92、纵 98 厘米

1991 年宿州褚兰宝光寺出土

石祠东山墙

安徽博物院藏

画面分四格。第一格，东王公居中，头戴冠，手持羽状物，左侧跪坐两羽人，其中后方羽人为人身牛首，一人、一蟾蜍紧跟其后；右侧有一半站立状翼虎，后方有玉兔捣药及一人物。第二格为讲学图，最左侧有一屋，屋脊两端翘起，两侧垂脊上各有一禽鸟，屋内有两人物相对跽坐、交谈状，其中左侧人物右手似持杖，屋外有八个人物面向左侧依次而列，皆戴冠、宽袖长衣、手捧竹简，其中第二、三位人物下衣稍短，露出双脚。第三格是主人出行图，主人戴冠面向右侧，身后一人手持一长形物，三女童紧跟其后，上方有樽等器具，伍伯三人手持棨戟，拱手相迎，其后有一马及跪状的仆从，马一侧放置有鞍鞯、食槽。第四格为炊事图，左侧三位跪状人物，第一位人物前方一灶，应是进行烧灶，后两人物皆手持器皿似进行淘洗，上方置鱼等食材及一案；右侧一站立状人物，身前有一童子，最右侧刻一口带轱辘的水井，旁边一人物执绳提水。外框饰绳纹、卷云纹、菱形纹。为浅浮雕。

089

西王母·车马出行·捕鱼

Xiwangmu, Ride in Horse Drawn Carriages, Fishing

东汉

横 92、纵 98 厘米

1991 年宿州褚兰宝光寺出土

石祠西山墙

安徽博物院藏

画面分四格。第一格，西王母居中，手持羽状物，左侧跪坐两羽人，其中后方一羽人为人身鸡首，最左侧有刻一只四头鸟。右侧刻龙、虎等神兽。第二格，

刻女舞者九人，除最右侧一女子外，皆两两相对作舞状，人物梳发髻、宽袖长裙。第三格刻车马过桥，一辆双驾轺车居中，车内一御者一乘者，其中乘者头伸出车外观望，车后有两侍从，车前两人手执钩镶、利剑，似攻击中间一人，另有一人仰身曲肢倒于车前，最左侧有两人似执笏相迎。第四格与第三格由桥面分隔，桥面下有三个桥墩，船三条，人物九位，似一船三人，有撑船者、捕鱼者、收鱼者，相互协作，捕鱼工具有罩、网、篓。外框饰绳纹、卷云纹、菱形纹。为浅浮雕。

双羊·人物、伏羲女娲交尾图

Two Sheep, Figures; Fuxi and Nvwa Copulating

东汉
横 230、纵 52 ～ 56、厚 34 厘米
2018 年宿州栏杆金山寨出土
墓门门楣正、背面
安徽博物院藏

正面为双羊·人物图，双羊位于画面中部，相对而立，皆圆目、长须，头顶有弯曲状双角，平腹、短尾、

四肢细长。两侧人物皆双手衔握呈站立状。双羊与两侧人物由长方形框相隔。雕刻技法为浅浮雕。

背面为伏羲女娲交尾图。伏羲、女娲呈两环状，女娲位于左侧，伏羲位于右侧，皆宽衣长袖，内侧手斜向伸直，仿如舞蹈。左侧环内上部有一只玉兔，下部左侧为蟾蜍，右侧为飞奔状的有翼神兽；右侧环内上部为三足乌，下部为一只有翼、长尾神兽。两环之间饰一常青树。伏羲右下侧刻画一站立状人物。画面主要采用阴线刻。

凤鸟·铺首衔环

Phoenix, Animal Head Doorknockers with Rings

东汉
单扇横 54 ～ 62、纵 140、厚 8 厘米
2018 年宿州栏杆金山寨出土
墓门两门扉
宿州市博物馆藏

左侧门扉上部凤鸟昂首起飞状，头生冠，细短喙，双翅挥动，曲状尾翼，尾端宽大。下部铺首头生角，细长鼻，弯曲状长眉，宽耳，长须上翘，口衔圆环。画面左右两侧及上部饰连弧纹。右侧门扉上部为一凤鸟昂首状，圆目，短喙，双翅呈展开状，细长腿，曲状尾翼，尾端宽大。铺首头生角，细长鼻，弯曲状长眉，口衔双圆环。下部皆有"山"形装饰。外围为一周长方形框。采用浅浮雕、阴线刻。

双鹿、鹳鱼

A Pair of Deer; A Crane Fishing

东汉

横 336、纵 60、厚 34 厘米

2018 年宿州栏杆金山寨出土

中室门楣正、背面

宿州市博物馆藏

正面为双鹿图。其中左侧为母鹿，四肢站立，垂颈低首，双耳向上耸立，目圆睁，似食草状；右侧为公鹿，四肢站立，短尾下翘，昂首挺胸，双角耸立，双目圆睁视向前方，整体雄壮有力，似为母鹿作警戒。外围有两周长方形框，间饰水波纹。框左右两侧、上部分别饰两个、三个连弧纹。采用浅浮雕。

背面为鹳鱼图。两端残缺。共 11 条鱼，头朝东，除最后一条外，皆首尾相连，最后端为一只鹳，长曲颈，目向前方的鱼。画面上下两侧饰菱形纹。为浅浮雕。

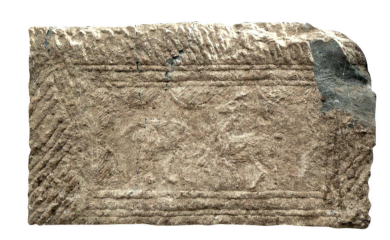

刻璧帛相交，外框饰水波纹。为浅浮雕。

璧帛相交
Jades and Silks Intersect
东汉
横 50、纵 140、厚 26 厘米
2018 年宿州栏杆金山寨出土
东耳室北侧立柱
宿州市博物馆藏

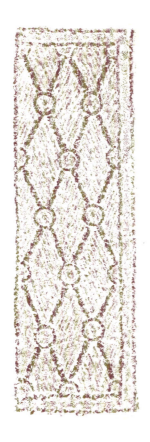

094

跽拜·马·铺首衔环

Bended Knees Paying Respect, Horse, Animal
Head Doorknockers with Rings

东汉
横 100、纵 140、厚 30 厘米
2018 年宿州栏杆金山寨出土
后室东侧立柱
宿州市博物馆藏

画面分为上、中、下三格。上格为跽拜图，两侧屋脊各栖一只凤鸟，屋内一人，头戴冠，跽坐状，左右两个各一人躬身低首呈跽拜状。中格左侧为一站立状人物，右侧为一行走状的马。下格为两个铺首衔环，兽面头生三角，长眉，长须。外围饰连弧纹、水波纹。为浅浮雕。

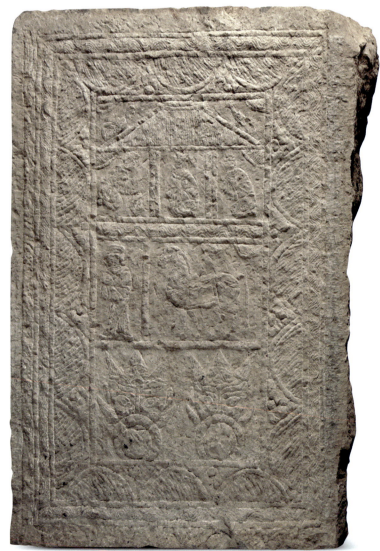

095

楼阁·人物

Pavilion, Figures

东汉

横 96、纵 140、厚 30 厘米

2018 年宿州栏杆金山寨出土

后室西侧立柱

宿州市博物馆藏

画面分为上、下两格上格。上格为楼阁、人物，楼阁分上下两层，庑殿顶，正脊两端向外伸出翘角装饰，上、下层两侧脊各栖一鸟。各层皆有三个人物，其中下层中间人物跽坐于凭几一侧，两侧人物躬身低首，双手执笏，向中间人物作跽拜状。下格为三个站立状人物。外围饰连弧纹、水波纹。为浅浮雕。

096

翼龙·人物

A dragon with Wings, Figures

东汉
横 88、纵 140、厚 26 厘米
2018 年宿州栏杆金山寨出土
中室门楣下东侧立柱石
宿州市博物馆藏

　　画面分上、下两格。上格为翼龙，瘦长身，张嘴，长须，长双角，长曲状颈，肩生翼，长尾，四肢雄壮有力，目视前方，作奔走状，上下两侧饰连弧纹。下格为四个人物，最左侧人物头戴冠，躬身低首，双手执笏，呈作揖状；其右侧人物站立状，头戴冠，双手合拢，面向画面左侧人物。最右侧两人皆持笏，互相作揖。下部饰斜线纹。画面采用浅浮雕、阴线刻技法。

车马出行

Ride in Horse Drawn Carriages

东汉

横 114、纵 28、厚 28 厘米

宿州褚兰出土

宿州市博物馆藏

画面刻三辆马车，车内皆一乘者、一御者，中部
刻一驷马轩车，乘车者戴高冠，前后各一辆双马轩车。
为浅浮雕。整个画面紧凑而有节奏，表现细腻。

098

舞蹈·车马出行
Dancing, Ride in Horse Drawn Carriages

汉

上：横 143、纵 46、厚 11 厘米

下：横 144、纵 41、厚 10 厘米

埇桥区金山孜出土

宿州市博物馆藏

　　画面分三部分。最上残缺，仅可辨有四人，皆长裙及地。中部为舞蹈图，左侧两人挥刀相舞，其中左端一人右手执钩镶，右侧两人摆手作舞，最右端一人呈踞坐鼓掌状，面露欢愉。下部分为车马出行图，中为单驾轺车，车内一乘者、一御者，左侧为导骑，骑者左手执鞭，右侧为一骑马者和一站立者。为浅浮雕。

099

楼阁人物·饲马、门吏·铺首衔环

Pavilion and Figures,Feed the horses; Gatekeeper,
Animal Head Doorknockers with Rings

东汉
横 110、纵 110、厚 30 厘米
埇桥区支河乡出土
埇桥区文物保护管理服务中心藏

正面画面分上、下两格。上格刻一座二层楼阁，
二楼正脊两端翘起，中部饰一三角形符号，两侧各有

一只鸟，两侧垂脊各有一只振翅的凤鸟，屋内有三人
物。一楼两侧垂脊亦各有振翅的凤鸟，屋内有三人物，
其中右侧人物凭几而坐，左侧两人物向其拱手跽坐
状，右侧屋外有一站立状侍从，左侧檐下饰一只兽。
下格刻画两只栓绳而立的马，后方各有一站立状人
物。外框饰半圆形纹、水波纹。为浅浮雕。

侧面画面分上、下两格。上格刻一拱手站立状门
吏，头戴网状武弁，着长袍过膝、着裤，腰似悬一剑。
下格刻铺首衔环。为浅浮雕。

100

人物·骑马、女娲·铺首衔环
Figures, Horseman; Nvwa, Animal Head Doorknockers
with Rings

东汉
横 93、纵 108、厚 30 厘米
埇桥区支河乡出土
埇桥区文物保护管理服务中心藏

正面画面分上、下两格。上格左侧一站立状人物，右侧一人物向其拱手状，后面一侍从牵引一马。下格刻两骑者向左缓行。外框填连弧纹。为浅浮雕。

侧面上部刻人身龙尾的女娲，头梳高髻，龙尾两侧有双脚，下部刻铺首衔环。为浅浮雕。

101

人物·骑马·翼龙、伏羲·铺首衔环

Figures, Horseman, A Dragon with Wings; Fuxi, Animal Head Doorknockers with Rings

东汉

横 105、纵 108、厚 30 厘米

埇桥区支河乡出土

埇桥区文物保护管理服务中心藏

正面画面分三格。上格左侧一站立状人物，右侧四位人物向其拱手拜谒状。中格刻三骑者，其中右侧两骑者策马奔腾，左侧一骑者站立状、相送状。下格刻一翼龙，张嘴露齿、长须、曲颈、肩生翼、卷尾。外框填连弧纹。为浅浮雕。

侧面画面分上、下两格。上格刻人身蛇尾的伏羲，头戴冠，下格刻铺首衔环。为浅浮雕。

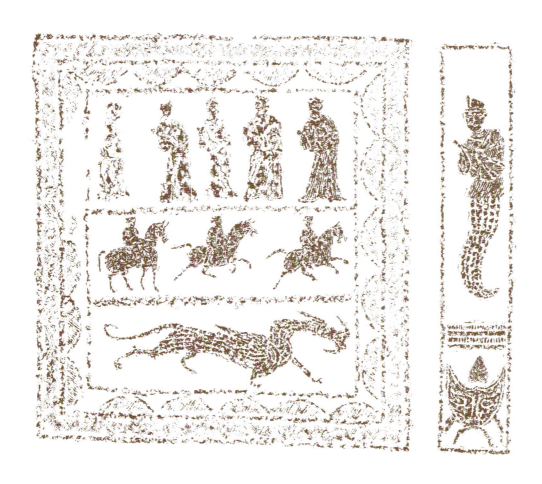

102

鹿车·楼阁·跪拜

Deers Pulled the Cart, Pavilion, Bended Knees
Paying Respect

东汉
横78、纵80、厚30厘米
埇桥区支河乡出土
埇桥区文物保护管理服务中心藏

右部残缺。画面分三格。第一格，刻一鹿拉车，车内一御者、一乘者，后紧随三游鱼、鹿车。第二格，右侧刻二层楼阁，阁顶一凤鸟衔珠，阁内刻四跪着，手执笏，左侧刻一阙，阙顶似饰一神兽，阙内一踞坐状人物，阙外一站立状侍从。第三格，中刻一华盖，下有一矮者，面右而立，身后有三侍从，其中左端两人手持幢，矮者前方有两跪者，身后有五人伏地而拜。为浅浮雕。

第三章

灵璧 篇

103

楼宇升仙
Building and Becoming Immortal

东汉
横 66、纵 115 厘米
灵璧县出土
灵璧县文物管理所藏

画像分为上、下两部分。上部分为三层楼阁图，庑殿顶，正脊两端翘起，顶层内有两人，左侧人物呈跪拜状，右侧人物跽坐，手持一物，外有两侍者；中层两人对坐，二人中间有一方案，左侧人物一手持勺，一手持耳杯，似服侍右侧人物饮食，外各有一跪坐侍者；下层檐下有斗拱，立柱相承，立柱两侧共三只神兽。下部分为车马图，单驾轺车，车内一御者、一乘者，自右向左行驶，马车上部有两飞行人物，前部及下部有凤鸟。采用平面阴刻线的雕刻技法。

104

武斗·人物

Fighting, Figures

汉

横 67.5、纵 111 厘米

灵璧县出土

灵璧县文物管理所藏

画面分为上、下两格。上格有两人物手持兵器，似武斗状。下格有两位站立状人物，头戴冠，微躬身。外框饰菱形纹、云纹、锯齿纹。采用平面阴刻线的雕刻技法。

武 将

General

东汉

横 64、纵 111 厘米

灵璧县出土

灵璧县文物管理所藏

　　画面正中武将带剑躬身而立。外框饰菱形纹、锯
齿纹。采用平面阴刻线的雕刻技法。

第四章

泗县篇

楼阁·人物

Pavilion, Figures

新莽前后
横 288、纵 80、厚 14 厘米
2013 年泗县大庄汉墓出土
石椁挡板
泗县博物馆藏

画面中间刻画一树，树枝上有七只禽鸟、一只猴，树下两人物持弓欲射猎。树左右两侧皆刻画一庑殿顶房屋。左侧房屋屋脊中部有两只争斗状禽鸟，两端各有一站立状禽鸟，屋脊左侧有一凤鸟，右侧有一猴，左屋檐下有一青龙，方目、张口、长须、曲身；屋内一男一女伏案而坐，两侧各有一侍从。右侧房屋屋脊中部亦有两只争斗状禽鸟，两端各有一站立状禽鸟，屋脊左侧有一禽鸟，右侧有一凤鸟，右侧屋檐下有一回首状白虎，圆目、张口、两短耳、长瘦身、曲长尾、四肢有力；左侧屋檐下有一坐立状家犬拴于立柱；屋内亦一男一女伏案而坐，两侧各有一侍从，其中左侧侍从手持一扇，右侧侍从手持长形状物。外围边框饰水波纹。为阴线刻。

107

楼阙·人物

Pavilion, Figures

新莽前后
横288、纵88、厚13厘米
2013年泗县大庄汉墓出土
石椁挡板
泗县博物馆藏

　　画面中间为两层楼阁，为庑殿顶，屋檐下饰帷幔，屋脊左侧有两只凤鸟，右侧有两只神兽，似皆嬉戏状，右侧屋脊下斗拱处饰一只羊，外侧各有一佩剑持戟门吏、俯首躬身状人物，后方皆有一神树，树上各有一凤鸟，树下有鹿。画面左、右两侧各有一单阙，阙身下部有神兽、上部有凤鸟图案，右侧阙外饰一只俯首状凤鸟。楼阁有两层，楼上一主人正面伏案而坐，左侧有两侍从，分别为站立状、跪坐状，右侧有三件器物，由近及远分别为尊（内有一勺）、耳杯、厄，最右侧有一台阶状楼梯，楼梯顶部有两只凤鸟，楼梯上部有一俯首躬身状人物。楼下为杂耍图，右侧一仰首站立状人物表演跳丸，左侧两跪坐状人物吹奏排箫并手持拨浪鼓表演。楼阁立柱左右两侧为璧帛相交。为阴线刻。

108

捕猎·牛耕

Hunting, Plowing Fields with Buffalo and Horse

新莽前后

横 288、纵 88、厚 13 厘米

2013 年泗县大庄汉墓出土

石椁挡板

泗县博物馆藏

画面分上、下两格。上格中间似为一湖泊，两侧各有禽鸟。画面左侧共有三人物持网捕猎，中部有一树，树两侧有禽鸟，下部有奔跑状的鹿、兔等动物。右侧画面上方有三只禽鸟争食一蛇，下方有两只禽鸟捕食、休憩状，最右侧为劳作图，有一人物右手扶犁、左手挥鞭，一人牵引，犁为二牛抬杠式，旁边有两人持农具劳作、一人肩挑壶、篓，右上角刻画两只飞禽。为阴线刻。

109

人物

Figures

新莽前后
横 240、纵 80、厚 14 厘米
2013 年泗县大庄汉墓出土
石椁挡板
泗县博物馆藏

　　画面中间有两人物躬身俯首状，其中前方人物腰佩长剑、后方人物手持笏，两人物中间置一案，案上有尊，尊内有勺。左侧一站立状人物，腰系一袋状物，佩一长形武器，前方置一提梁壶。画面最左侧为一站立状持戟门吏，最右侧为两个正面站立状人物，左侧为男性，右侧为女性，其中女性佩戴耳坠，皆瘦腰宽裤，上方刻画两禽鸟。外围边框饰水波纹。为阴线刻。

人物·铺首衔环

Figures, Animal Head Doorknockers with Rings

东汉
左：横 94、纵 130、厚 10 厘米
右：横 65、纵 127、厚 10 厘米
1997 年泗县洼张山汉墓出土
墓门门扉
泗县博物馆藏

左侧门扉画面分上、下两部分。上部为门吏执彗击鼓迎客图，左侧前方人物右手执彗，右侧两人物，头戴冠，拱手回应。中间有两个提梁壶。人物皆宽衣长袖；下部为铺首衔环。右侧门扉画面分两部分，上部为两人物拱手作揖，皆头戴冠、宽衣长袖；下部为铺首衔环，铺首上部左右两侧各饰一只带翅飞鱼，铺首左侧饰三只飞鸟，右侧饰一只。采用浅浮雕、阴线刻。

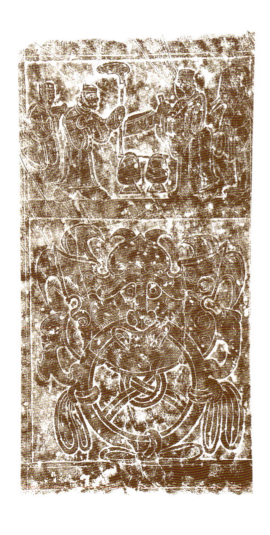

111

翼 虎

A Tiger with Wings

东汉
横 110、纵 27、厚 42 厘米
1997 年泗县洼张山汉墓出土
泗县博物馆藏

　　画面主体为翼虎，四肢雄壮有力，下方为一神兽，仰面，似被翼虎扑食；后方有一只神兽，咬食翼虎后肢。为浅浮雕。

群 鹿

A Herd of Deer

东汉
横 155、纵 21、厚 38 厘米
1997 年泗县洼张山汉墓出土
泗县博物馆藏

　　画面主体有四只成年鹿，第一只为雄鹿，长角，呈奔跑状，后方为一只雌鹿，右前肢弯曲，将奔未驰；第三只为雄鹿，作回首奔跑状；第四只为雌鹿，方向与其他鹿相反，作回首。下方有三只奔跑状的小鹿。上方间饰三只鸟。面面左侧及下方有数株灵芝。为浅浮雕。

113

人 物

Figures

东汉

横 146、纵 20、厚 43 厘米

1997 年泗县洼张山汉墓出土

泗县博物馆藏

画面最左侧有一方形物，有腿，似为床，其前有一长方形榻，一人跽坐于侧，后方一人物跽坐似向后方人物回礼；后方有九位站立人物，有作揖并相互交谈状。左侧人物上部间饰四株灵芝，下部间饰三株。右侧交谈状人物上下皆饰一株灵芝。为浅浮雕。

114

车马出行

Ride in Horse Drawn Carriages

东汉

横 150、纵 30、厚 21 厘米

1997 年泗县洼张山汉墓出土

泗县博物馆藏

前方为四导骑，其中前两骑漫漶不清，后两骑上部各间饰一只飞鸟；后方为四辆单驾轺车，轺车上各有两人物，其中一人戴帽驾车，另一人于后方，头戴冠。为浅浮雕。

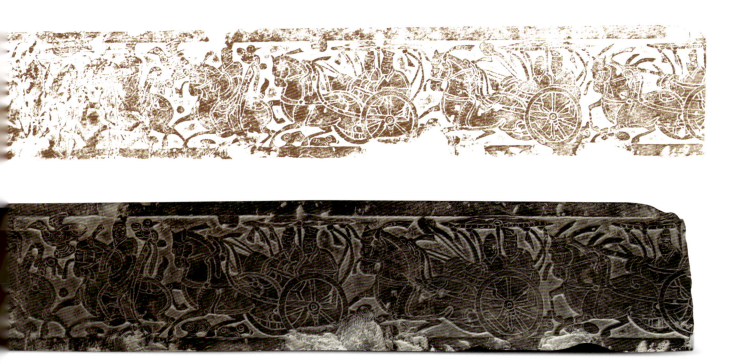

115

车马出行
Ride in Horse Drawn Carriages

东汉
横 130、纵 30、厚 21 厘米
1997 年泗县洼张山汉墓出土
泗县博物馆藏

画面主体为四辆轺车，皆向左前行，疾驰状。马头前皆有扇汗，短须，圆目，四肢雄健有力。车上各有两人物（最右侧残缺），驾从执绳驾车，车主人戴冠于其后。马车上部各有一只飞鸟，下部各饰三株灵芝。为浅浮雕。

116

车马出行

Ride in Horse Drawn Carriages

东汉
横 98、纵 30、厚 21 厘米
1997 年泗县洼张山汉墓出土
泗县博物馆藏

　　最左侧残留半截轺车，车内一人。两骑从紧跟其后，似带佩剑。后方为一辆单驾轺车，车内两人物，一人执绳驾车，主人于其后。最后为两骑从，其中前骑者怀抱似一长形物，上部饰一只飞鸟。画面下部饰八株灵芝。为浅浮雕。

117

神 兽

Auspicious Beasts

东汉
横 136、纵 23、厚 42 厘米
1997 年泗县洼张山汉墓出土
泗县博物馆藏

画面左侧为两只有翼神兽，皆长瘦身、回首嘶吼状，有獠牙，头生角，长尾。右侧上方为鹿形有翼神兽作回首状，下方为两只幼鹿形神兽，皆长尾，似为母子关系。画像最左侧为一立鸟，略前倾，长喙，细长腿。鹿形神兽右肢下饰一只小神鸟。其余部分饰若干灵芝。采用浅浮雕的技法。画面充分利用各个空间，整体饱满。

神 兽

Auspicious Beasts

东汉
横 28、纵 127、厚 49 厘米
1997 年泗县洼张山汉墓出土
泗县博物馆藏

画面自上至下共五组神兽。最上部为两只神兽，张嘴，短耳，长瘦身，四肢有力，长尾，作相互扑食状。第二组神兽两只，作交颈状，皆短耳、长颈、瘦长身、四肢有力，其中右侧神兽有细长角。第三组神兽两只，躯体瘦小，皆作回首状。第四组神兽两只，呈左右对称状，短耳、曲长颈、瘦长身、细长尾，下颚、四肢皆贴合对方，似亲密无间。最下部为一只站立神兽，张口、长獠牙、圆目、短耳、长颈、细长尾、四肢有力，仰首长啸状，周边饰三株灵芝。画面左右两侧饰波浪纹。为浅浮雕。

凤鸟·吉羊、神兽

Phoenix, Sheep; Auspicious Beasts

东汉
横 36、纵 128、厚 60 厘米
1997 年泗县洼张山汉墓出土
泗县博物馆藏

　　正面画面自上至下大致分四组。上部似为比翼鸟
形象，双头、展翅、细长肢。第二组两只朱雀下颚相
互贴合，曲颈、展翅、曲尾，左肢相互扣合。第三组
两只朱雀站立状，共衔绶。最下部为一站立吉羊，圆
目、长须、曲角、短尾，四肢瘦长，体态浑圆；右侧
一兽，嘴对吉羊须下部，短耳、曲颈、瘦长身、细长肢、
细长尾。其余空间填充飞鸟、圆圈纹，下部饰数株灵
芝。外框四周饰波浪纹。为浅浮雕。

　　侧面为神兽图，自上至下分为六部分。第一组为
连枝灵芝；第二组为神兽，龙首人身，张口、长獠牙、
头生双角、短耳，四肢斜撑，细长尾；第三组为龙，
回首嘶吼状，张口、长獠牙、圆目、有角、曲长颈，
四肢细长；第四组为两只神兽，兽首人身神兽立于另
一神兽之背，兽首人身神兽头朝上、短耳、张臂、曲肢，
下方神兽回首嘶吼状，张口、长獠牙、短耳、长颈、
长瘦身、长尾、细长肢；第五组为两只龙，相背而立，
皆张口、长獠牙、长耳、瘦长身；最下部神兽呈站立
仰首状，圆目、短耳、长瘦身、细长肢，其上部有三
只飞鸟。画面空余部分饰灵芝。外框四周饰波浪纹。
为浅浮雕。

神兽、蚩尤
Auspicious Beasts, Chiyou

东汉
横 27、纵 126、厚 50 厘米
1997 年泗县洼张山汉墓出土
泗县博物馆藏

正面画面自上至下大致分为四组，最上部一人物头戴冠，躬身侧向，其余漫漶不清；第二组为两人物交谈状，其中右侧人物右手执剑；第三组为蚩尤像，正面站立，头顶着插三只箭的弩弓，两目圆瞪、张口露齿，右手执戟，左手握一长形兵器，似带缨的矛，右脚举短剑，左脚举长柄斧；最下部一深蹲怪兽，头生角、两目圆瞪、张口露齿。为浅浮雕。

侧面为自上至下刻画五只神兽，第一只长尾瘦身，画面模糊；第二只神兽俯首状，长唇、竖耳、兽形足，背部似有一长筒状背篓；第三只神兽抬首状，长相特征与第二只神兽基本一致，其右下方有一只小神兽，似攀登状，翘尾，后肢支撑于第五只神兽背部；第五只神兽正面站立状，人身兽面，两目圆瞪、张口露齿、两短耳，略似熊状，上身似穿兽衣，长尾，整体形态似方相氏。为浅浮雕。

121

神 兽

Auspicious Beasts

东汉
横21、纵90、厚69厘米
1997年泗县洼张山汉墓出土
泗县博物馆藏

　　上方残缺，左上角残存一兽首。下部画面自上至
下大致分四组。第一组两兽相对，似戏一珠，张口、
长獠牙、两短耳、长颈、肩有翼、长瘦身、长尾、四
肢有力、爪锋利，尾下方有一小兽。第二组右侧一奔
走状龙，张口、圆目、长獠牙、长角、肩有翼、长尾、
四肢有力，右侧有两虎，似争食一鹿，虎皆张口、短
耳、有翼、长瘦身、长尾。第三组刻画一回首状神兽，
口露齿、两竖耳、肩有翼、长尾、爪锋利，其左、右
两侧皆有一小兽。第四组刻画两只相背站立状神兽，
左侧神兽似为麒麟，仰首、张口、长角、曲颈，右侧
似为一鹿，圆目、两短耳、远眺状。为浅浮雕。

朱雀·人物·青龙

Vermilion Bird, Figures, vAzure Dragon

东汉

横 69、纵 90、厚 23 厘米

1997 年泗县洼张山汉墓出土

泗县博物馆藏

画面自上至下共分为四格。第一格为两只相对而
立的朱雀，其中右侧残缺，朱雀昂首挺胸、振翅而立，
双爪勇武有力，左下角及两朱雀之间各有一只圆形
物，似祥瑞植物蕙莆。第二格自左至右共六位人物，
皆宽衣长袖，头戴冠、弁，躬身作揖状，第二位人物
且呈回首状，怀抱一环首刀；第四位人物怀抱一长
剑，剑柄朝下。人物上部靠近头侧皆有一长方形框，
应为题记区域，但未刻画。第三格自左至右亦为六位

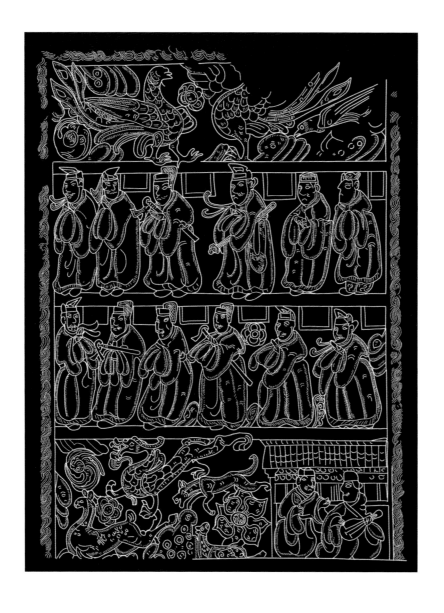

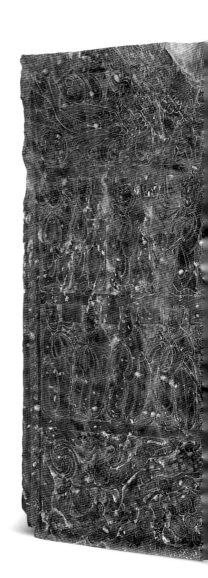

人物，皆宽衣长袖，八字形须，第一位人物站立面向其余人物，后五位人物皆躬身作揖状，其中第二、四位人物各怀抱一环首刀，第四、五人物之间上部刻画一圆瓣形植物。人物头像右侧皆有一长方形框，应为题记区域，亦未刻画。第四格分左、右两部分，左侧为神兽图，上部为青龙，张口、长须、长角、长尾、四肢勇武有力，面向前方一逆时针旋转的植物，似祥瑞植物莲莆；左下角为鹿，奔跑状，圆目、两竖耳、

短尾，身上有椭圆形斑点，鹿上部刻画一圆瓣形植物；青龙右下刻画一只低首奔跑状神兽，张口露齿、两短竖耳、长尾、细长肢，其下部为柿蒂花形植物和一昂首状小鹿。右侧为人物图，房屋内刻画两交谈状人物，其中右侧人物怀抱一琵琶，呈弹奏状，左侧人物右手执一麈尾。采用阴线刻、浅浮雕。

龙·人物·抚琴
Dragon, Figures, Playing the Guqin

东汉
横 69、纵 90、厚 21 厘米
1997 年泗县洼张山汉墓出土
泗县博物馆藏

画面分四格。第一格画面模糊，似刻画龙。第二格共七位人物，最左侧人物侧向而立、面向其余人物，第三位人物手捧一圆形物，第二位人物伸手欲接，也有可能为第二位人物已将圆形物递于第三人，其余人物皆躬身而立。第三格左侧三位人物向左而立，其中前两位皆怀抱一环首刀，第三位人物似抱一长剑，

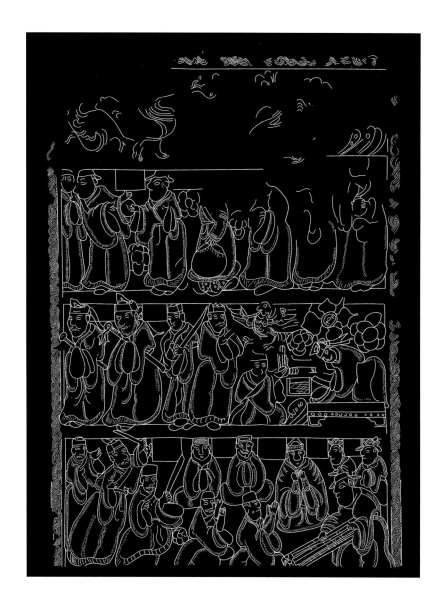

第四位人物向右拱手而立，最右侧一人物跪拜状于榻上，榻前一人物蹲坐状，似吹奏乐器，上方刻画一昂首挥翅的凤鸟、柿蒂花等。第四格为抚琴图，右下一人物蹲坐躬身抚琴，其余人物皆蹲坐，拱手状或鼓手状，似为抚琴者喝彩，人物上方有空白榜题。采用阴线刻、浅浮雕。

人物·鱼·龙·玄武·秣马

Figures, Fish, Dragon, Black Tortoise, Feed the Horses

东汉
横 69、纵 90、厚 23 厘米
1997 年泗县洼张山汉墓出土
泗县博物馆藏

画面分四格。第一、二格刻画站立状人物，画面
漫漶不清。第三格为鱼龙图，右侧一龙挺胸奔走状，
张口、长须、长角、长尾、四肢有力，其脚下刻画一
只仰面状神兽，前方一只玄武，短肢、短尾，周围刻
画四株莲花及数只游鱼。第四格为人物、秣马图，右
侧刻画一桂树，树下一马饲食状；左侧刻画一房屋，
房屋内一人手执锥形物俯首状，另一人拱手站立状，
屋外一人物俯首躬身状。为阴线刻。

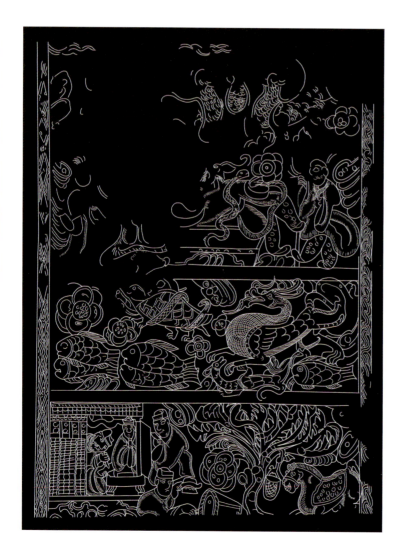

125

人物·牛车

Figures, Oxcart

东汉
横 71、纵 90、厚 23 厘米
1997 年泗县洼张山汉墓出土
泗县博物馆藏

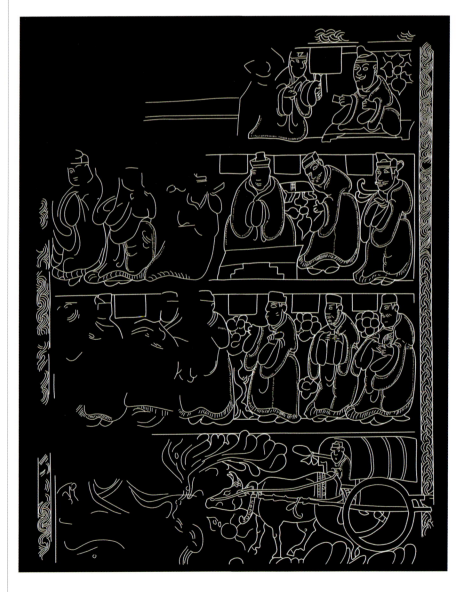

画面分四格。上部漫漶不清。第一格为人物图，右侧人物跽坐于榻上，双手前伸，右上角刻画一柿蒂花，左侧一站立状人物似递物状，人物上方有空白题额。第二格中间一人物正面跽坐于榻上，右侧共两人物，其中前方人物呈低首躬身状，身前刻画一柿蒂花；左侧刻画三位站立状人物，人物上方有空白题额。第三格刻画六位人物皆向左站立状，人物上方有空白题额。第四格为牛车图，左侧一桂树，右侧一人物驾牛车行走状。为阴线刻。

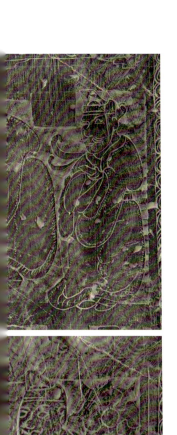

126

曾母投杼等故事、狩猎·车马出行

Historical Stories and Figures such as Zeng Mu;
TouZhu Hunting Ride in Horse Drawn Carriages

东汉
横 290、纵 34、厚 52 厘米
1997 年泗县洼张山汉墓出土
泗县博物馆藏

　　画面刻画上、下两格。上格画面中部刻两人物相
对交谈状，右侧一站立状人物似挽扶一跪者，后侧刻
双臂微伸的妇人，着发髻、宽袖长裙。画面左侧刻一
人于树下造车，其侧置一案，树枝上悬挂壶等器具，
右侧一人物手持器柄作回首状。下格分左、右两部分，
左部中间刻一站立状人物，前方一双臂并拢的跪者，
右侧一站立状妇人，左侧一人物坐卧于榻上，身体前
倾向榻前的童子。右部中间刻一站立状人物，长须，
前方一跪者，双手持耜，右侧两站立交谈状人物，左
侧一妇人坐于机杼前，回首望向其前方的跪者，这个
画面似乎表现的是曾母投杼的故事。此画像石人物上
方皆有空白榜题。为浅浮雕。

　　画面分两格。上格为狩猎图，左侧为奔跑状群鹿，
回首状，后方有数只猎狗追逐，一人骑马手持长叉进
行捕猎，四随从手牵猎狗或抬猎物紧随其后，最右侧
有数位随从手持武器。空白区域填充飞鸟或灵芝。下
格为车马出行图，前方为两导骑，手持长叉，后方两
辆单驾轩车，车上一御者、一乘者，一骑从紧跟其后，
再后为两辆单驾轺车，后有随从。为浅浮雕。

后记

汉代画像石是宿州市重要的文物资源之一，经初步统计，经过考古发掘和有正式资料可查的画像石数量近 500 块；本地区画像石的发现历史也较早，自 1956 年褚兰墓山孜两座汉画像石墓的发现和发掘以来，已有 60 多个年头；在画像石研究上，自 1993 年《安徽宿县褚兰汉画像石墓》一文发表以来，其明确的纪年和较完整的墓葬状况，一直是皖北甚至是苏鲁皖豫像交界区汉画像石研究的代表性墓葬之一，其图像配置方式和规律，也是国内外众多学者关注的重点。

但目前总体而言，本地区画像石资源也存在着资料信息不全、研究成果较少且落后、宣传力度不足等问题，导致外界对宿州地区画像石的整体面貌认识不够，因此，我们便萌生了编撰画像石精品图录的想法，一来是对以往的资料进行整理和总结，二来是宣传本地区丰富的画像石资源，提高外界对我们的关注，促进画像石的保护和下一步的研究。此计划一提出，便得到了市文化和旅游局领导的重视和支持，这对我们开展后续的工作提供了有利条件。

十年前就开始酝酿出版一本宿州地区出土的汉画像石图录。2017 年，先后与萧县博物馆、泗县博物馆等几个县区馆的负责同志沟通此事，得到认可和支持，开始启动此项目。2020 年，宿州市文化和旅游局把此项工作列为重点任务，并下发关于编辑及出版《宿州汉画像石图录》的通知。同年，我们便开始收集各种资料，与相关单位进行洽谈和对接，由于受疫情的影响，主要的工作是在 2021 年进行的。我们首先查阅了各种资料，基本掌握了宿州市画像石的基本概况，其次经过拓印、拍摄、测量、挑选、编号、描述等工作，最终确定了 126 块（组）画像石为本图录的主体。为保证编排效果，我们以县区为单位进行分章介绍，共四章，第一篇为萧县篇，收录了画像石 69 块（组）；第二章为埇桥篇，收录了画像石 33 块（组）；第三章为灵璧篇，收录了画像石 3 块；第四章为泗县篇，收录了画像石 21 块（组）。在保证编写的规范性上，在每篇中我们按时代的早晚顺序进行排列，如西汉、东汉；同时，同一个墓葬、同一个墓区的画像石我们尽量排列在一起，以保证浏览的效果。图录照片以画像石正面为主，辅以拓片，对几块照片不清晰的画像石，我们通过软件，客观描绘出画像，以求直观；同时，对于特殊结构或图像，再辅以细节照，以使阅览者能够通过本图录得到更多的教育和启示。在画像石图像的描述上，我们力求全面、准确，对于难理解或不确定的图像内容，我们也尽量追求客观的描述，对于图像所反映的故事或创作者的思维方式、目的，需要大家去猜想、讨论和求证。

为顺利完成编撰工作，我们成立了《宿州市汉画像石撷珍》编委会，负责相关的工作。

五易寒暑、几经周折，凭着对文物事业的敬畏和责任感，经过不懈地努力，本图录终于完稿面世。这是我馆第一部专题性的文物图录著作，在编辑过程中，得到了宿州市文化和旅游局的大力支持，得到了安徽省博物院、安徽省文物考古研究所、宿州市文物管理所、埇桥区文物保护管理服务中心、萧县博物馆、灵璧县文管所、泗县文物局、泗县博物馆等相关业务单位的大力帮助。

在编辑过程中，文物出版社智朴老师给予了大量的指导，同时在拍摄、编辑、校对工作上，付出了辛勤的汗水，宋朝老师进行了摄影工作，精益求精的工作态度，让人学习。宿州市美术馆张敬威、张益福、余奕靖分别负责了泗县画像石线图的处理和部分拓片的拍摄工作。全馆同志积极查找相关资料，共同解决了许多困难。北京大学汉画研究所所长朱青生教授对《宿州汉画像石撷珍》的编辑出版工作十分关注，百忙之中抽出宝贵时间撰写一篇阐述画像石研究问题的文章《图法学：图像构成逻辑》作为本书序言。北京大学汉画研究所徐呈瑞馆长也为本书概述的编写提供了一些建议和相关资料，一并致谢！

最后，我们谨向对本书给予关心支持和帮助的相关单位、领导和专家表示衷心的感谢！限于我们的学识水平和视野，本书难免存有不足之处，敬请读者不吝赐教给予指正。

编者

2022年8月